災厄と信仰

大島建彦 著

三弥井書店

目次

疫神の鎮送と食物

はじめに

人生におけるもろもろの災厄、特におそろしい疫病の背後には、何らかの神霊の存在が考えられてきた。それらの神霊というのは、どこかよその世界から村や家におとずれてきて、そのような疫病などの災厄をもたらすものと信じられており、おおむね疫神や厄神などといいあらわされるのである。そこで、この疫神のおとずれにむかって、どのような対応のしかたをとってきたのか、家の門口と村の境という、二つの大事な場面を中心にさぐるとともに、そのような儀礼と食物との関係についても考えてみよう。

団子と粽

第一に、家の軒先や門口には、疫神や悪霊をしりぞけるために、さまざまな呪物を掲げるならわしが知られている。たとえば、立春の前日の節分には、豆をもって鬼を打つのはいうまでもないが、また柊の葉に鰯の頭をさして、とげのあるものやわるいにおいのするもので、疫神のたぐいをおいはらおうとしたものとみられる。

ひろく東日本の各地では、一般にコト八日として知られる、二月および十二月の八日にも、何かおそろしいものがおとずれると伝えられる。関東の各都県にわたって、一つ目小僧や目一つ小僧などがくるといい、川崎市多摩区や横浜市港北区を中心に、ミカワリバアサンやミカリバアサンなどがくるというのである。それらの怪物のおとずれに対して、ただ家の中にこもっているだけではなく、家の軒先や門口などに、目籠や笊を掲げたり、柊やニンニクをさしたり、団子や餅を出したりするなど、かなり念入りな工夫がこらされていた。特にミカワリバアサンのおとずれには、やはり目籠や笊をかけておくとともに、わざわざ屑米や粃米などで、ツジョウ団子というものをつくってさすこともおこなわれた。このツジョウ団子というのは、土穂団子という文字をあてられるもので、もともと人の食物としては、もっとも粗末なものに属するが、ミカワリバアサンにこれを供えると、病気や火事からのがれられるなどというのであった。

また五月五日の節供には、粽や柏餅をそなえることが知られているが、菖蒲や蓬などをもちいるのと同じように、悪霊や疫神をしりぞけるためであったと認められる。五月節供の粽のいわれについては、中国の『続斎諧記』などに、非業の死をとげた屈原の霊をまつるのに、竹の筒に米をつめたうえに、楝の葉でつつんで色の糸でまいたものを、水の中に投げいれたなどと伝えられる。チマキということばに示されるように、もともと茅の葉でまいたのであろうが、奥羽などの各地では、笹巻や笹餅などといって、特に笹の葉でつつんだものも知られている。

中国の『荊楚歳時記』などには、五月節供の供物ではなく、夏至の食物として、同じ粽というものをあげているが、日本の夏の祭りとしても、六月や七月の時節における、祇園祭りや天王祭りなどに、厄除けのまじないとして、粽や笹団子を受けるならわしを認めることができる。京都の八坂神社の祇園祭りは、もともと疫病の退散のためにいとなまれるものであったが、七月十七日の山鉾の巡幸にさきだつ、その前夜の十六日の宵山に、町内ごとに飾られる山鉾の下で、浴衣がけの女の子の仲間が、「粽買うてんかあ」などとよびかけて、厄除けの粽を売っているのが思いおこされる。この祇園祭りの粽を受けてきて、家の門口などにかけておくことは、かならずしも京都の市中だけに限らないで、かなりかけはなれた遠方にまでゆきわたっている。

東京の都内の天王祭りでは、台東区浅草橋の須賀神社、江戸川区江戸川の八雲神社などから、京都の祇園の粽のかわりに、笹竹に団子をつけてさずけており、この団子を煎じて飲むと、よろずの病にきくと伝えられる。特に浅草橋の須賀神社というのは、蔵前の団子天王として知られたもので、十方庵の『遊歴雑記』には、疫病よけの祈願のために、めいめい歳の数の団子を、笹竹にさして神前にあげてゆくと、見物の人々が奪いあったなどとしるされているが、今日では、神社の方でこの笹団子をととのえて、氏子の家々に配りあることがおこなわれる。

軒先の多様な呪物

特定の行事とはかかわりなく、日常の生活の中でも、家の軒先や門口に、さまざまな呪物を掲げることがすくなくない。そのような門守りの中では、魚の尾、鮑の貝、蜂の巣、万年茸、ニンニク、トウガラシなどが、もっともよく知られているが、ただそれだけにとどまるものではない。

桂井和雄氏の『土佐民俗記』には、特に高知県の範囲における、家の軒下の呪物として、シャチホコ、魚の尾びれ、アメゴ、ウマウオ、蟹、貝殻、猪の脚首、猿の手首、蜂とその巣、蛇の脱け殻、八ツ手、太ニンニク、南天、辛子、茄子、鉈豆、七夕さまの笹、石鎚山の猿、戸分さまのイヌマキ、杓子、わらじ、草履、蓑、鎌、志那ネさまの松明、正月や節分の注連縄、木炭、貼紙というように、かなり多様なものがあげられていた。野本寛一氏の『軒端の民俗学』には、ひろく日本の全国にわたる、家の門口の呪物から、貝、猿、蘇民将来、ニンニク、蜂の巣、花火の筒、杓子、キノコ、杉皮、十団子、雷除け、鶏、神札、仏札、山犬、鍾馗、橙、猪の蹄、蟹の甲羅、馬の蹄鉄、ハリセンボンなどという、いずれも重要な事例をあげて説かれている。

そのような両氏の研究に限っても、アメゴの塩乾し、茄子の初なり、ニンニクの玉、橙の実などのように、そのまま食べられそうなものがあげられているが、そのほかの各地の調査を通じて、同じように軒先の呪物に属する、さまざまな種類の食物を認めることができる。たとえば、茨城県新治郡玉里村などでは、疫病神の退散を求めて、ヒイラギの枝に豆腐をさして出すといい、神奈川県秦野市東田原などでは、疫病の流行にあたって、家の入口に蕎麦と粟とをまいておくなどというのである。

静岡市宇津ノ谷の慶龍寺から、十団子と称して出されるのは、ごく小さな米の団子を、十個ずつ麻の糸に通して、九連ずつ棕櫚の繊維で束ね、数珠のような形につくったもので、まともな食物と認められるものではない。この十団子のいわれについては、東海道の宇津ノ谷峠の鬼が、同じ峠の地蔵の法力によって、十粒の小さな玉にかえられてしまったので、その形をうつしたものを供えるようになったという。『宗長手記』の大永四年の条には、宇津ノ山の茶屋に立ちより、その名物の十団子を見かけて、「一杓子に十づつかならずめらうなどにすくはせ興じて」などとしるされていた。今日では、八月の地蔵盆の日に、宇津ノ谷の慶龍寺に参り、魔除けの呪物として、この十団子を求めてきて、家の門口につるしておくことがおこなわれる。

静岡県田方郡韮山町南条には、韮山荒神として知られる竈神社があって、正月二十八日の祭りの日には、蘇民将来という護符にあたる、スミンチョと称するものを出しており、やはり厄除けの信仰とかかわるものといえよう。その参道の両側には、多くの露天商が並んでおり、名物の十団子を売るものもみられる。ここで十団子というのは、米の粉でつくったものを染めて、扇形にひろげて竹串にさしたものであったが、今では飴ばかりのものに変ってしまった。沼津市真砂町の山口家で、この形の十団子をつくっており、宇津ノ谷との関聯については、あきらかではないが、同じような観念にもとづくものではなかろうか。

石川県金沢市野町の神明宮では、十月十五日の秋祭りに、おしんめさんのあぶり餅という、御幣の形をかたどったものを売りだしている。炭火でこんがりとあぶって、生姜味噌のたれをつけると、なかなかおいしい食物であるが、あぶらずになまのままで、家の天井にさしておくと、どろぼうよけのまじないになるというので、誰でも二とおり買ってかえるのである。

疫神ゆかりの人物

家の軒先や門口などには、さきにあげたようなもののほかに、社寺のお札やお守りをも掲げたのであるが、また「蘇民将来子孫也」というのをはじめ、「釣船清次宿」「佐々良三八宿」「鎮西八郎為朝御宿」などというように、疫神をもてなしたりこらしめたりした人の名を書きつけることもおこなわれる。そこにしるされた人物との約束にもとづいて、おそろしい疫病の侵入をまぬかれようとしたものである。

そのような疫神とかかわり深い人物について、それぞれこまかに説くゆとりはないが、はじめの「蘇民将来子孫也」というのは、『備後国風土記』の逸文における、疫隅国社の記事にもとづくものであった。それによると、北海の武塔の神が、南海の神の娘に通うために、一夜の宿を求めたところが、ゆたかな巨旦将来が、おしんでその宿を貸さなかったのに、貧しい蘇民将来は、こころよくその宿を貸してやった。そこで、蘇民の娘に茅の輪をつけさせて、この娘ただ一人をのこしておいたほかは、巨旦の家の者どもをとり殺してしまった。そして、「吾は速須佐雄の神なり。後の世に疫気あらば、汝、蘇民将来の子孫と云ひて、茅の輪を以ちて腰に着けたるは免れなむ」と告げたというのである。武塔の神すなわち速須佐雄の神が、おそろしい疫病をつかさどっていたことはいうまでもない。

別の著しい例として、大田南畝の『半日閑話』に、『御尋に付清次書上之写』が引かれており、本八丁堀で釣舟をいとなむ清次が、六尺あまりのあやしげな男に乞われて、一匹のきすという魚をさし出すと、その相手の男から、

自分は疫神に有之、我正直成者ゆへ、家内并親類にて、釣舟清次と私名前を書記置候得ば、其家へは参る間敷く

と伝えられていたという。終戦の前後まで、釣船神社という神社が、東京都中央区の新富町にあって、この清次の子孫を中心に、ひろい範囲の信徒を集めていたことは、旧京橋区役所編の『京橋区史』に、

当社は其昔南八丁堀に釣船業を営む高橋清次と云ふ者が創立したと称せられてゐる。彼は世人から釣船清次と云はれ、近隣にその名を知られた漁夫であった。寛政二年五月二十五日常の如く品川沖に漁猟に出かけて異形なる神体の海面に出現したのに驚いた。之により悪疫伝染を平癒するの法を授けられてから漁業を廃して氷川宮及び金比羅宮を祭つたが後許されて一祠を建てた。此の清次は文化九年八月病没し其子清次郎跡を継ぎ、これまた天保十二年七月歿して三代清次郎に譲り明治に至つた

とまとめられている。拙著の『疫神とその周辺』では、釣船神社の変転について、まず終戦の直後に、その六代めの祭司によって、埼玉県川口市差間にうつされており、ついでその六

代めの殁前に、同県岩槻市本町にうつされながら、あい変らず疫病よけのお札を出していることにふれた。長沢利明氏の『東京の民間信仰』によると、終戦の直後から、この神社の仮社務所が、その七代めの祭司によって、豊島区巣鴨の家にもうけられて、ひき続きその大祭をいとなんでおり、さらに昭和二十三年には、その新しい社殿が、この七代めの祭司を中心に、杉並区和泉の地に建てられて、やはり多くの信徒を集めているという。

いずれにしても、漁夫が疫神に出あって、きすという魚をさしあげることによって、おそろしい疫病をまぬかれることができたというのであって、いわば疫神歓待の伝承の説話に属するものと認められる。文久二年刊行の『宮川舎漫筆』によると、嘉永元年の夏から秋にかけて、疫病がおおいにはやったときに、浅草あたりの老女が、ものもらい体の女と出あって、二椀のそばをふるまったが、この女は疫神と名のって、「若疫病煩候はば、早速鯲を食し給へ。速に本復いたすべし」と教えてくれたと伝えられており、やはり同じタイプの説話の類例としてあげられるであろう。さきの軒先の呪物の中でも、家ごとに厄神を待ちうけて、団子や粽などのような、何らかのたべものを出しておくことによって、そのような厄難からのがれようとしたというのは、やはり同じような意味をもつものといえそうである。

風邪の神送りと疱瘡神送り

そういうわけで、厄神や悪霊が入ってこないように、家の軒先や門口に、さまざまな呪物を掲げておくが、もしもそれらが入ってしまうと、村境の塚などにこれを送りだし、また海や川などにこれを流してしまわなければならなかった。たとえば、山形県の最上地方などでは、そのような疫病の流行にあたって、小さな藁の人形をつくり、これで病人の体を撫でたうえで、握り飯を背おわせて川に流したり、桟俵にのせて村境に捨てたりしたものである。

埼玉県秩父市の久那では、明治初年の前後まで、家の誰かが風邪をひくと、藁を三角形にからんだものに、大豆や米を炒って入れ、座敷に飾って祈ったうえで、この大豆や米のおひねりで、病人の体を撫でてから、「風邪の神、これにたかってつっぱしれ」と唱えて、三方の辻に送りだしたというのである。そのほかの地域でも、風邪の神送りなどのならわしとして、半紙に炒豆を包んだもので、家族のからだを撫でておいて、三本の辻に捨ててくるということが、かなりひろくおこなわれている。

家ごとの厄神送りとしては、いわゆる疱瘡神を送りながすことが、もっともよく知られていた。もともと疱瘡という疫病は、明治年間に種痘がゆきわたるまでは、しばしば大流行をくり返して、ひさしく日本人を苦しめてきた。このおそろしい病気にかかると、大事な一命を失うこともすくなくなかったが、何とか死だけはまぬかれても、完全な失明などにいたるものが多く、また「疱瘡は器量さだめ」ともいうように、醜い痘痕をのこすものも多かったのである。しかも、いったん疱瘡にかかってしまうと、それによって免疫をえることができるというので、ある種の通過儀礼のように、発病とともに疱瘡神を迎えまつり、全快とともにこれを送りだすことがおこなわれていた。

もっとも通常の方式としては、だれかが疱瘡の病にかかると、桟俵に赤い幣束を立てて、赤飯や小豆飯などを供えておき、無事にその病がなおると、これを村境の地に送り、また海や川に流すことがおこなわれてきた。明治以降の日本では、ひろく種痘を受けることによって、ほとんど疱瘡にかからなくなったが、やはり種痘をすませたのちには、これと同じようなしきたりが守られたのである。そこでも、疱瘡送りの儀礼にともなって、赤飯などの食物を供えていたことに注目しなければならない。

厄神の宿の行事

ところで、疫神や悪霊などに対しては、ただ家から追いかえすだけではなく、わざわざ家まで迎えてきて、丁重にこれをもてなしたうえで、改めてこれを送りだすこともおこなわれている。そのもっとも著しい事例としては、「厄神の宿」「鬼の宿」などという行事をあげることができる。

はやく『民間伝承』の十六巻十二号には、丹野正氏の「厄神の宿」が掲げられて、山形市山寺の柏倉家の例が示されている。それによると、大晦日の年取りにかかるのに、前もってその家の主人が、紋付・羽織・袴で提燈をもって、村境の橋のたもとに出て、「厄病の神さま、早かったなす。お疲れだべす。なんぼか寒かったべす。どうか、おら家さござってけらっしゃい。お迎えに来たっす」と、丁重に挨拶のことばをのべて、そのまま自分の家まで、その厄病の神を迎えてくる。まず奥座敷の座蒲団にすわらせ、一つ一つお膳のご馳走をすすめて、さらに年取りの餅を供えてから、しずかに客用の蒲団にやすませる。そして、暗いうちに橋のたもとまで、この厄病の神を送って、「お粗末しました。また来年ござってください。今年はもうござらねでけらっしゃい」と、丁重に挨拶のことばをのべてから、これに供えたものを流してしまうという。

この厄神の宿のことは、日本民俗学会の昭和二十七年の年会に取り上げられて、多くの会員の注目を集めたものである。しかも、この丹野氏の発表では、この行事に迎えられる厄神というのが、大歳の夜におとずれる歳神そのものではなかったかという、一つの重大な仮説が示されており、

「厄神の宿」は零落した祖霊の来訪の姿であり、厄病の神を買収する形にまで墜ちた

ものではなかったろうか

と説かれていた。当時の民俗学の大勢としては、指導者の柳田國男氏の意向にそって、日本の民間信仰の体系が、あくまで祖霊信仰を中心にとらえられたので、厄神の宿の行事が、やはりその零落と解されたのは、かならずしもあやしむに足りない。

たまたま奥能登のアエノコトというものが、しきりに研究者の関心を集めていたので、この厄神の宿というのもまた、それと一聯の行事のように考えられがちであった。能登半島の北部の一帯では、秋の収穫をおえると、家に田の神を迎えてきて、春の農事に先だって、田にこれを送りだすのであるが、いずれも生きた人に対するように、大切にこれをもてなすことがおこなわれている。それぞれの家の主人は、目に見えない神にむかって、「さあどうぞどうぞ」と声をかけて、その手を取るようにしながら、まず奥座敷にお通ししたうえで、ゆっくりと風呂にはいっていただいてから、一つ一つご馳走をおすすめするのである。ここで田の神というのは、おおむね男女の二柱であるというので、二度ずつ同じことをくり返すしきたりもみられる。

さらに、まつり同好会の『まつり』十号における、小倉学氏の「田の神・エビス神考」によると、越中の下新川郡では、エビスコあるいはエビスさんと称して、十一月および正月の二十日に、エビスの迎え送りがおこなわれており、そこでもまた、能登のアエノコトと同じように、ゆっくりと風呂にはいっていただき、一つ一つご馳走をおすすめするしきたりが伝えられている。ここでエビスという神は、どこか遠方からおとずれてきて、すばらしい福徳をもたらすものと信じられていたので、むかいの田から迎えてくるというだけではなくて、電車の駅まで迎えにゆくという例さえもみられる。

たしかに、さきの厄神の宿というのは、そのような饗応の方式と通ずるようであるが、それだからといって、この厄神と称するものが、そのまま田の神や祖霊にあたるものとはきめられない。日本の神の祭りは、アエノコトや厄神の宿などをも含めて、もともと生きた人に対するように、ねんごろに神をもてなすものであったといえよう。それよりも、厄神の宿の場合には、歳神とは別に厄神を迎えてきて、いっそう念入りにこれを送りだしていることに注意しなければならない。

実際に、丹野氏の報告よりも早く、この厄神の宿の類例にあたるものが、思いがけなく別の地域からも報告されていた。すなわち、近畿民俗学会の『近畿民俗』二号における、山田隆夫氏の「ホウソ神のヤドその他」によると、奈良県御所市秋津の池口家では、オオツモゴリの夜に、主婦が箕をもって四つ辻に出てゆき、何かすくうまねをして帰ってくる。そして、奥の間の屏風の中にその箕をおいて、そこに餅一重ね、つるし柿、みかんなどをそなえるのである。そのいわれについては、大晦日にホウソの神様が宿がなくて困ってゐたのを「宿してあげたらその家の者にヘンバが出来ん」といふので、同家では毎年ホウソの神様に宿をしてゐるのであって、代々池口氏の家には、ヘンバの者がないといふ

と伝えられている。

そういうわけで、昭和三十四年に出された『日本民俗学大系』の七巻に、私は「信仰と年中行事」と題して書かせていただいたが、この「厄神の宿」などの例を引きながら、

それらの悪霊は、祖霊が畏怖され、零落した結果として成立したものであろうか、そういう例があったかもしれないが、必ずしもすべてについて、そういえないように思う。すなわち、盆において、精霊と外精霊とが、ともに祭られるように、正月においても、それぞれに相当する祭りが、ならび行われていたのではないかと考えられる

と論じたものである。それから四十五年もたって、私の考え方そのものが、それほどの進展を遂げていないのは、まことに申しわけないことではあるが、そこに論じたようなことは、大筋において認められるのではなかろうか。

ついで、東北民俗の会の『東北民俗』の五輯には、三崎一夫氏の「正月行事における疫神鎮送について」が掲げられて、さきの私の説をふまえながら、いっそうこまかに論じられている。それによると、正月の前後の行事で、疫神の鎮送の要素をともなうものが、ひろく日

本の南北にわたって、全体で二十四例もあげられたうえで、大まかに二類型にわけられている。第一には、大晦日の年取りの晩に、村境や辻などから厄神を迎えてきて、座敷や棚などで丁重にもてなしてから、元日の朝早いうちに、もとの所にこれを送りだして、一年間は災厄をこうむらないようにと願うものである。第二には、大晦日から正月にかけて、神棚や歳棚のすぐそばに、疱瘡神のための供物をあげて、一年間は疱瘡にかからないようにと願うものであるという。

鬼の宿の行事

さらに、『東洋学研究』の二十七号には、拙論の「疫神祭祀の民俗」を掲げており、これに関する新しい資料として、山形県新庄市、東京都小平市、福井県遠敷郡などでは、節分の夜に豆まきをおこなわないで、わざわざ鬼を迎えいれて、丁重にこれをもてなすことについてしるしている。

たとえば、『西郊民俗』百十二号における、拙稿の「疱瘡神の宿」に示したように、新庄市上金沢町の広野家は、二十年前に山形市城西にうつりすんでからも、なお古来のしきたりを守って、節分の夜には、鬼を追いはらうための豆をまかないで、鬼を迎えいれてその宿をひき受けるというのであった。すなわち、よそで豆をまきおわって、すっかり夜がふけてから、その家の主人が、羽織袴で提燈をつけて、いくらか離れた川の堰までいって、みなにはらわれた鬼を迎えてくる。そして、あたかも生きた人に対するように、丁重に家の中に招きいれて、そのまま奥の座敷にお通しすると、家内が無事に過せるようにと、床の間にお燈明をあげて拝み、正式にお膳をととのえて出し、お神酒、お頭つき、煮物、お汁、ご飯など、心をこめて一つ一つとってすすめ、枡の中には炒豆を入れてあげる。つぎの朝早く、その家の主人が、前と同じ川の堰までいって、さきに迎えた鬼を送りだすが、そのおみやげとして、藁の苞にご馳走を入れて、川の中に投げて、別にお神酒を流していたという。

つぎに、『西郊民俗』百十四号における、水野道子氏の「鬼の宿」に示されたように、小平市小川の小山家では、節分の日の夜に限って、竹の簀子に藁の桟俵をおいて、二枚の半紙を十文字に重ねた上に、小豆御飯とお神酒と燈明とをのせて、台所のオスイゼンさまの棚にあげている。このオスイゼンさまというのは、台所の荒神さまと隣りあっているが、ふだんはまったくからのままであって、何もお供えをあげることはないという。夜中の十二時過ぎに、この家の主人は、ひそかに鬼を送りだすために、その小豆御飯にお神酒をかけて、桟俵の上にのせたものを、近くの十字路においてくるというのである。

もう一つ、『西郊民俗』の百三十八号における、拙稿の「若狭の疫神祭祀」に示されたような、福井県遠敷郡名田庄村における、井上の下野家の例をあげておくと、節分の夜のしきたりとして、ホウソウジさんという神を迎えるために、オコワや焼き物や汁をととのえ、カネイシすなわち川石をそえて、おじいさんとおばあさんとの二神の分として、床の間に二膳を供えるのである。そこで、座敷の電燈を消して、ホウソウジさんのおとずれを待っていると、やがてカタリと音をたてて、お椀の蓋がとれることによって、その神がたずねてきたとわかるという。

そのようないくつかの事例にもみられるように、厄病神や疱瘡神をもてなすことによって、そのおそろしい災厄をまぬかれようとするには、あらかじめまれびとのための膳をととのえておいて、こころよくその場からひきとってもらわなければならなかったといえよう。

村境の道切り

そのように、疫病のわざわいをまぬかれるためには、家ごとに何らかの対応をとるだけではなく、村全体でその防除にあたることが求められており、特に村の境にあたる地では、疫神や悪霊が入ってこないように、あらかじめ道切りなどの呪法がこころみられる。この道切りという方式も、疫病の流行にあたって、まったく臨時にとりおこなわれるだけではなく、春秋の村祈祷などのように、一定の時節にくり返されるものが多いようである。その通常の形態としては、それぞれの村の入口などに、何よりもシメ縄を張って、御幣やお札を掲げるだけではなく、わらじや草履、農具の模型、男女の性器などをつるして、また大きな人形を立てるのであるが、何らかの食物をともなうことがすくなくない。

千葉県立房総のむらの『災いくるな』という、企画展の目録にも示されたように、ひろく千葉県内の各地では、綱吊りや辻切りなどと称して、一月から二月までの間に、村境などに藁の綱や蛇などをかけて、疫病などの侵入を防ごうとしていた。この系統の行事は、旧市原郡や長生郡などを除くと、その南部から北部の一部にかけては、綱吊りとか綱張りとかいう形態をとっておこなわれ、その北部のひろい範囲には、藁蛇という形態をとっておこなわれる。木更津市金田の中島における、一月十二日の綱張りでは、二ヶ所の境の竹に、綱をなって張りわたすのであるが、藁でタコやエビやさいころなどのほかに、男女の二体の人形をつくって吊りさげており、それぞれ大根と人参とで男女の性器をつくってとりつけている。市川市国府台における、一月十七日の辻切りには、四ヶ所の境の木に、藁で大蛇の形をつくりあげ、お神酒を吹きかけたものをあげておく。

それに対して、近畿地方などの一帯では、勧請吊りや勧請掛けなどといって、正月の村祈祷の日にあたり、村の入口や神社の境内に、藁の大きなシメ縄をかけているが、これも頭と尾とをそなえており、やはり大蛇のかたちをあらわしたものとみられる。この勧請縄に魂を入れるのには、神官や僧侶がたちあって、お神酒や餅などを供えることもすくなくない。

村境の大人形

さらに、奥羽や関東などの一部では、同じような村の境などに、藁の大きな人形を立てる例もあって、地域ごとに大人形、鍾馗、鹿島、ドンジンなどとよばれており、神野善治氏の『人形道祖神』という大著には、サエノカミや道祖神の源流として取りあげられている。

ここに、多くの例を引くことはできないが、岩手県和賀郡湯田町の白木野では、一月十九日の人形送りに、藁でヤクバライニンギョウをつくって、村境の高い木にくくりつける。それは大の字に手足をひろげ、侍のように裃をつけ刀をさして、餅の入った苞を背おったもので、股間に大きな男根をそなえていた。

また、『西郊民俗』の百二十九号における、福田博美氏の「大人形と道祖神―茨城県石岡市井関―」などに示されたように、茨城県石岡市井関の代田では、八月十七日という盆のあくる日に、オオニンギョウと称するものをつくって、村のはずれの辻に立てておく。それは小麦藁で胴体だけをつくり、稲藁で手足などをつくって、杉の葉で全身をおおっており、竹籠に藁屑をつけて頭をととのえ、紙に目口鼻をかいて顔をあらわし、やはり大きな性器をそなえたものである。ここでは、オオニンギョウの前にお神酒などをそなえるだけであって、オオニンギョウそのものに何かたべものをもたせるわけではない。

さらに、森嶋稔氏の『大岡村芦ノ尻の道祖神祭―その内在する資源の記憶―』に取りあげられたように、長野県更級郡大岡村の芦ノ尻では、石造の道祖神の地帯にありながら、藁製の大人形のなごりをとどめたものがみられる。ここでは、一月七日のドンド焼きの日に、シメ縄で道祖神の石碑をおおって、目、鼻、口、眉毛、髭、笠などをつけて、怪異な顔だちの神像につくりあげる。そして、本当の飲物や食物のかわりに、藁製の酒樽や酒杯や肴をそなえるのである。

このような藁の人形などは、もともと村の外に送りだしていたのを、そのまま村の境にたてておいたもので、いわば疫神の形代であったものが、むしろ守護神の性格をおびることによって、群小の御霊をしりぞけるように信ぜられたといえよう。

人形送りの行事

ひろく疫病の流行にそなえて、疫神や悪霊を追いやらうために、その形代にあたるものをもうけて、これを境の塚などに送りだし、また海や川などに流しすてることがおこなわれる。そのような疫神送りの儀礼は、もともと臨時の処置としてとられたのであろうが、むしろ恒例の行事として伝えられており、それぞれの村をあげていとなまれるのである。

奥羽や関東や東海を中心に、かなりひろい範囲にわたって、人形送り、病送り、カゼの神送り、オカタ送り、鹿島送り、弥五郎送りなどというように、さまざまな名称と形態とをもって、疫神や悪霊を送りだす行事が知られている。おおかたは虫送りなどの例と同じように、共同で藁の人形をつくり、これをもって村の中をまわり、そのまま境の川などに送りだすのであって、これに家ごとの穢れを負わせることもすくなくない。

山形県最上郡の伝承についてはさきにもいくらかふれたが、『東北民俗』十一輯における、大友義助氏の「最上地方の病送りについて」にも示されたように、正月の二十一日、田植え後のサナブリ、盆の二十一日などには、年中行事としての病送りがおこなわれている。すなわち、共同で大きな藁人形をつくって、境の川などにこれを送りだすとともに、家別に小さな藁人形をつくって、門口などにこれを立てておくのである。そこでは、家ごとに赤飯などを炊いて、人形にこれをもたせ、また箒で家の中をはいて、これで人形をたたくという例もみられる。

『茨城の民俗』四号における、藤田稔氏の「大助人形と鹿島信仰」に説かれたように、茨城県北部の七月十日の行事として、家ごとに藁で侍のすがたをした、オオスケニンギョウというものをつくり、村境までもっていってもやしてしまうことが知られている。特にこのオオスケニンギョウには、米の粉や小麦粉の団子をもたせており、これを奪いあったりわけあったりして食べることが注目される。

それらと一聯の行事として、『成田史談』二十四号における、円城寺敏夫氏の「人形送り」には、千葉県成田市公津の周辺で、田植え前の適当な日に、家ごとに藁で武者の人形をつくることがしるされている。この公津の例によると、紙に「鹿島香取大明神」とかいてとりつけ、藁苞に二個の丸餅を入れてもたせ、それぞれ竹にさして庭先に立てておく。あくる日の朝には、村の境や川のほとりにもちよって、たがいにはげしくたたかわせてから、めいめいの餅をよその餅ととりかえてもちかえるが、この人形の餅を食べると、わるい病気にかからないと伝えられる。

『静岡県民俗学会誌』二号には、富山昭氏の「静岡県のコト八日伝承―その事例と考察―」が掲げられており、静岡県の西部などでは、二月と十二月とのコト八日に、カゼの神送り、コトの神送り、ナアリ神送り、八日神送りなどと称して、送り神の行事がおこなわれていると説かれている。それによると、神輿に藁の人形をおさめ、また舟に藁の人形をのせて、村のはずれまで送ってゆくのであるが、組ごとにお祓いをうけおわると、旗竿にむかって鉄砲をうつといい、また笹竹で家々をはらいあるくと、これをもって海岸まで走るというかたちもみられるのである。しかも、この静岡県の西部における、同じコト八日の行事としては、八日餅というものをついて、コトの神や八日神に供えるならわしも知られているという。

『西郊民俗』九十四号における、山田八千代氏の「愛知県額田郡額田町大字大代・雨山の

『コトハジメ』」によると、この静岡県の西部とつながる、愛知県額田郡額田町の大代などでは、二月八日のコトハジメに、みなでオカタという三体の藁人形をつくり、これにハタという笹竹をそえて、太鼓や鉦でにぎやかにはやしながら、村中の道を通って村境の峠まで送ってゆく。このオカタの前に八日団子というものを供えるだけではなく、家々の門口にも団子や塩や水を出しておいて、その行列にむかって塩水をかけることもおこなわれたというのである。

小正月の火祭り

疫神や悪霊を送るには、水にこれを流すというほかに、火でこれを焼くという形も知られている。これまでの民俗学の研究によると、小正月の火祭りや盆の送り火なども、ただ歳神や精霊を送るというだけではなく、むしろ疫神や悪霊をしりぞけるものであったと考えられる。

ここで小正月の火祭りというのは、サギチョウやトンド、サンクロウやサイトヤキなどといって、正月の十四日や十五日に、松飾りやシメ縄などを焼く行事であるが、関東から甲信などにかけては、サエノカミや道祖神と結びつけられて、もっとも盛大におこなわれている。通常は村のこどもの仲間が、サエノカミの祭りの場所に、あらかじめ仮の小屋をもうけたり、またしるしの木を立てたりして、そのまわりに松飾りなどを積みあげ、火をかけてそれをもやしてしまうというものである。そこでは、サエノカミにつかえるこどもが、性器をかたどったものをもちあるいて、猥雑なことばではやしたてることもおこなわれる。さらに、家ごとに餅や団子をもちよって、その火で焼いて食べると、風邪をひかないと伝えられることもすくなくない。

そのような小正月の火祭りは、ただ歳神送りの行事というだけではなくて、やはりサエノカミの信仰とかかわって、むしろ疫病などの危難をまぬかれるためにおこなわれたといえよう。たとえば、群馬県教育委員会の『松井田の民俗』にしるされたように、群馬県碓氷郡松井田町では、ドウロクジンが厄病神を泊めてやって、その晩に小屋を焼くことによって、そのゆくさきを書いたものも燃やしてしまうので、二月八日のコトハジメには、ドウロクジンの火事みまいといって、その像にボタモチを塗りつけて、後をふりむかないで帰ってくるということである。長野県の各地でもまた、二月八日のコトハジメには、わざわざ藁馬に餅をつけていって、道祖神にこれをあげてきたり、その顔にこれを塗りつけたりすることがすくなくない。

『民間伝承』十六巻五号における、和田正洲氏の「三保聞書」によると、神奈川県足柄上郡山北町では、十二月のコト八日に、目一つ小僧が家々をまわりあるき、帳面に落ち度をつけておいて、サイノカミにそれを預けてゆき、小正月の十四日には、目一つ小僧がそれを取りにきても、サイノカミがそれを焼いてしまったといえるように、その小屋の屋根をもやすのであるという。山梨・静岡の両県にかけて、これとほぼ同じように、厄病神や一つ目小僧などが、十二月のコト八日におとずれてきて、サエノカミに帳面をあずけてゆくが、小正月の火でそれをもやしてしまうと、二月八日のコト八日にもどってきても、サエノカミからそれを返してもらえないので、人々は疫病にかからずにすむのだという。『日本民俗学会報』四十九号における、木村博氏の「伊豆型道祖神に関する一つの問題」に説かれたように、静岡県の伊豆地方では、道祖神の石像で帳面をもつものがあって、やはり目一つ小僧から預けられたと伝えられている。

いうまでもなく、日本の民俗学の出発点から、サエノカミや道祖神の研究は、かなり着実に進められてきたといってよいが、それにもかかわらず、本来のサエノカミというのは何か、かならずしもあきらかに説かれているとはいえない。さきに拙著の『道祖神と地蔵』では、そのようなサエノカミの源流をたずねるために、柴を折り石を積む形態をとりながら、兄妹または父娘の相姦というような、深刻な罪の意識をともなうものについて、もっとも大きな関心をよせたのであるが、それほどはかばかしい結論に達したわけではない。あえて一つの見通しをのべると、サエノカミとか道祖神とかいうのは、村などの境の地にあって、さまざまな厄難がしりぞけられるように、何らかの儀礼としておこなわれてきたものが、あきらかな神格をもってまつられるにいたったものといえないであろうか。いずれにしても、サエノカミや道祖神のたぐいは、おおむね村の境などにまつられるものであって、疫神や悪霊などとかかわりあっただけではなく、またそれらの神におきかえられても考えられたといえよう。そういうわけで、サエノカミなどの火祭りというのも、やはり疫神送りの要素をあわせもっていたものとみられる。

盆の精霊送り

盆の送り火などというのも、本来の祖霊そのものよりは、むしろ雑多な無縁霊の方にむけられていたように思われる。いわゆる盆送りの行事には、大文字焼きや百八燈などのように、山の上に数多くの松明をともすもの、あげ松明やなげ松明などのように、高い柱にそれぞれの松明を投げるものなど、地域ごとにさまざまなしきたりが伝えられる。愛知県新城市竹広の信玄塚における、七月十五日のヒヨンドリなどのように、火祭りと念仏踊りとが結びついた形も知られている。西日本の一部には、小正月と同じように、盆の時節にもまた、小屋をつくってこもったうえで、火をかけて焼くという例があって、やはり悪霊を追いはらうものとみられるのである。『岡山文化資料』二巻一号における、時実黙水氏の「邑久郡年中行事」によると、岡山県邑久郡などでは、盆の十五日になると、いっせいに麦稈の火をたいて、こどもが鉦をならしながら、「ヤンメの神さま、これについていにゃあれ」と唱えたものであるという。ここで「ヤンメの神さま」というのは、流行性の眼病をもたらすものであり、火と鉦との呪力によって、この悪霊をしりぞけようとしたものといえるであろう。

柳田國男氏の『先祖の話』をはじめ、その後の民俗学の研究を通じて、七月の盆の行事というのは、ただ家の先祖の霊をまつるだけではなく、別に新しい死者の霊をまつるものであり、またもろもろの無縁の霊をもまつるものであったとみられる。大島建彦編の『無縁仏』に収められた、喜多村理子氏の「盆に迎える霊の再検討—先祖をまつる場所を通して—」、高谷重夫氏の「餓鬼の棚」などに説かれたように、おおかたは家の中に、盆棚や精霊棚などという、特別の祭壇をもうけており、東北日本の各地では、そのような祭壇の下に、無縁のための供物をあげることが多くて、西南日本の各地では、むしろ家の外の方に、無縁のための棚をもうけることがすくなくない。棚の下や家の外に、独自の祭壇をもうけたりするほかに、柿の葉や芋の葉の上に、特別な供物をのせたりすることなどが、無縁仏の祭祀の特色としてあげられがちであるが、各地の盆棚の事例を調べてみると、本仏などの祭壇や供物とくらべて、無縁仏の祭壇や供物だけが、まったく異なる様相をそなえているわけではない。

そのような盆棚の上には、十三日に団子、十四日に素麺、十五日に餡餅などというように、それぞれきまったかわりものを供えているが、別に無縁の霊のためにも、やはり同じ食物を供えなければならなかった。しかも、通常の盆棚の供物はさげて食べるが、この無縁の分だけは食べずにとっておいて、盆のおわりに川や海に流すしきたりが守られている。そういうわけで、この精霊送りの習俗というのは、さきの疫神送りの方式とも通ずるものであるといえよう。

祭りと神饌

これまで、家の軒先と村の境とを中心に、疫神や悪霊を追いしりぞけるために、かなり雑多な儀礼をとりおこなったことを示してきた。おわりに、そのような疫神鎮送の儀礼というのも、やはり日本の祭りの方式にかなっていたことにふれておきたい。一般に祭りや行事というのは、ふだんと異る晴れの日にあたり、改まった身と心とをもって、何らかの神を迎えまつることであるといってもよい。そのような神を迎えまつるためには、物忌みをまもって身をつつしみ、禊祓いによって身を清めなければならない。さらに、神の依代をもうけ、これに供物をささげて、神人の共食をおこなうことが求められ、それにともなって、予祝や卜占をおこなうこともこころみられる。それらの式をおえると、かならず一定の方法によって、その神を送りだすというきまりであった。

日本の神々の中核をなすような、氏神の系列に属するものの祭りは、年間の稲作の過程にそいながら、おおむね春秋の二季を中心にいとなまれて、ゆたかな年穀をもたらすものと信じられてきたとみられる。柳田氏の『山宮考』にも説かれたように、この氏神の祭りの古態としては、春に稲作の開始にあたって、山から先祖の霊を迎えまつり、秋に新嘗の祭儀をおえて、山へその霊を送りかえしたと考えられる。実際に、各地の古風な神社では、山と里との二所に祭場がもうけられ、春と秋と両度に遷座が伝えられて、それを象徴する神幸もいとなまれるのである。

それに対して、異常な死をとげたものの霊は、先祖や氏神としてまつられることなく、いつまでもあらあらしいままにおかれるが、そのような死者の霊の中で、何かはげしいたたりをあらわすようなものは、しばしば御霊と称しておそれられたものである。疫病などをもたらす疫神のたぐいも、やはりそのような御霊と結びつけて考えられがちであった。祇園祭りや天王祭りなどに、もっともあきらかに示されるように、この御霊や疫神の祭りの方は、さきの氏神などの祭りと違って、おもに夏の季節を中心にいとなまれて、おそろしい災厄をしりぞけるものと考えられた。しかも、御霊や疫神のようなものでも、氏神などと同じような方式によって、ひととおり迎えまつるかたちをとらなければ、これを送りだすことはできなかったといえよう。

およそ日本の祭りの場では、人の食べるものを神にも供えており、神がそれをめしあがるとともに、人もまたそれをいただくのである。そのような神に供えるものは、生のままの生饌であっても、火を加えた熟饌であっても、すべて人の食べられるものでなければならなかった。私などは古風な祭りにのぞむと、きわめて多様な神饌の中に、榧や勝栗などの堅いものを見かけては、古人の歯の強さを思いしらされている。

いうまでもなく、通常の祭りのしきたりとしては、そのように神に供えたものを、そのまま人がいただくことによって、もろもろのわざわいをまぬかれると考えられている。とりあえず千葉県の祭りの例をあげると、館山市茂名の十二所神社における、二月二十日の里芋祭りでは、この地区の三十軒の家々が、二軒一組のツミバンナカマをつくって、それぞれ十二個ずつの里芋をゆであげ、当番の家にこれをもちよって、ハギの枝にさしながら、二つのメシツギに積みあげ、社殿までかついでいって、神前にあげておくのである。その日の夕方に、氏子の家々では、この里芋を配られるので、家族そろって食べると、みな風邪をひかないで元気にすごすことができるという。

また、香取郡山田町山倉の山倉大神では、十二月第一日曜日の例大祭に、神前に鮭を供えることがおこなわれている。宮負定雄の『下総名勝図絵』には、「山倉大六天」という神の名をあげて、「山倉村にあり、別当観福寺、御神事十一月中の卯の日なり。疫病を悩むもの此の神を祈りて霊験すみやかなり。十一月祭礼の頃、鮭おのづから上る。是を獲たる人、山倉に持ち行くに、その人を祭礼の上席に居らしめて饗応する古例なり」としるされていた。明治二年の神仏分離によって、この大六天王の像は、別当の観福寺にうつされ、これまでの大六天王宮は、山倉大神という名に改められたが、ともに十二月七日の卯の日祭りには、それぞれ鮭の奉献のならわしを守ってきた。そして、山倉大神の例大祭でも、観福寺の大護摩でも、それぞれ参詣の氏子や信徒に、御鮭の切身を授けるとともに、山倉大神の護符として、また大六天王の霊符として、その黒焼の粉をもわけており、風邪などの病気にきくといってもてはやされている。

福井県の鯖江市や今立郡では、年頭のオコナイの行事に、厄年の若者などが、餅や団子をまくのであるが、それを焼いて食べることによって、もろもろの悪事災難は除かれるというのである。滋賀県の湖北地方などでは、年頭のオコナイの式として、鏡餅をついてあげるのであるが、それをわけていただくことによって、やはり無病息災にすごせるものと信じられていた。

神社の門前などで売られる、名物の菓子のたぐいにも、そのような神饌と通ずるものを認めることができよう。愛知県の津島市における、津島神社の門前で売られる、名物のあかだというのは、小さく切った餅を、油で揚げたような菓子であるが、悪疫を退散させるものとして知られている。この菓子のいわれについては、春秋の県祭りのご供米をいただいて、それで油団子をつくったことから始まったとも伝えられる。

おわりに

そうはいいながらも、疫神や悪霊に供えたものは、かならずしも人が食べるものとはいえないで、むしろそのまま送りだすもののように考えられていた。もともと疫神や悪霊などというのは、ひととおりそれらの食物を供えてまつるとしても、ついにはそのような供物とともに送りださなければならないものであったといえよう。病送りの人形のもちもの、盆の無縁仏のあげものなど、ここにあげたいくつかの事例によっても、もろもろのわざわいやけがれは、何らかの食物につけて送りだされていたことが認められるであろう。

付記　平成十六年十一月二十八日に、虎屋文庫の講演会で、「厄除けとたべもの」と題してのべたが、この「疫神鎮送と食物」は、その講演にもとづいてまとめたものである。

（『民俗と風俗』十六号）

韮山荒神のスミンチョ（『韮山町の民具』より）

怨霊と災害

疫神となった伴善男

歴史上の人物のなかには、ありあまる才幹をそなえながら、思いがけない横死を遂げたのちに、おそろしい疫神としてあらわれ、はかりしれない災厄をもたらしたというものが、すくなからず認められるようである。

『今昔物語集』の巻二十七第十一には、天下に咳病がはやったおりに、赤い袍に冠をつけたものが、ある屋敷の料理人にむかって、「我レハ此レ、古へ此ノ国に有リシ大納言伴ノ善雄ト云シ人也。伊豆ノ国ニ被配流テ、早ク死ニキ。其レガ行疫流行神ト成テ有ル也」と名のったと伝えられる。この神の告げたところでは、心ならずも罪を犯して、重い罰を蒙ったけれども、それよりさきに朝廷に仕えて、多くの恩を受けていたので、国中に悪疫がひろまって、人々はみな死ぬはずであったのに、咳病だけですむようにはからったというのである。はるかに後代まで、同じように赤い衣をつけて、何となく病者の身辺につきまとうという神は、おおかたは疱瘡などの疫病をつかさどって、しばしば人間の死命を制するものであったと信じられている。それにしても、特にこの大納言伴《ともの》善男《よしお》というものが、そのような行疫流行神としてあらわれたというのは、いったいどのような条件にかなっていたためであろうか。

『三代実録』の貞観八年九月二十二日の条に、「大納言伴宿禰善男、善男男右衛門佐伴宿禰中庸、同レ謀者紀豊城、伴秋実、伴清縄等五人、坐レ焼二応天門一当レ斬、詔降二死一等一、並処二之遠流一。善男配二伊豆国一、中庸隠岐国、豊城安房国、秋実壱岐嶋、浄縄佐渡国」などとあって、ひととおり伴善男という人物について記されている。この事件の端緒にあたるのは、同書の同年閏三月十日の条に、「応天門火、延焼二棲鳳翔鸞両楼一」と記されたものであった。

『大鏡』巻一の裏書によると、当時の左大臣の源信《まこと》というものが、右大臣の藤原良相《よしみ》および大納言の伴善男にはかられて、ただちにこの放火の責任者と見なされたのであるが、太政大臣の藤原良房《よしふさ》の奏上に助けられて、ようやく不当な罪科をまぬかれることができたという。しかも、同年八月三日以降の記事によると、伴善男およびその子中庸《なかつね》の方が、備中権史生の大宅首鷹取《おおやけのおびとたかとり》の密告にもとづいて、かえってこの放火の首謀者として召しだされており、ついには前記のような処罰を蒙るにいたったというのである。いずれにしても、この応天門の不審な大災にともなう、伴大納言の突然の失脚というのは、藤原北家の政権の安定にとって、一つの重大な意味をもつものと認められており、その事件の興味ふかい顛末は、はやく『伴大納言絵詞』という絵巻にもつくられて、また『宇治拾遺物語』の第百十四にも取りあげられている。

ところで、この善男の属する伴氏は、もともと大伴氏と称する名族であったが、すでに平安時代の初頭から、ひたすら没落の方向をたどってきたといってよい。『三代実録』の記事にも示されたように、善男の祖父の継人《つぎひと》というのは、皇太子の早良《さわら》親王のために、中納言の藤原種継《たねつぐ》を射殺したので、獄中にとらえられて死んだというものであった。『日本紀略』の巻十三によると、皇太子の早良親王もまた、その場でとらえられて淡路に送られ、飲食を絶って死についたのであるが、その死の直後から、はげしいたたりをあらわしたというので、丁重な祭りを受けることとなって、八所の御霊の一つにもあげられている。善男の家系をたどってゆくと、すでにその父祖の代から、そういう御霊の怨念とかかわっていたのは注目される。

さらに、善男の父の国道についても、その当初は佐渡の国に流されていたが、後年に都の方に帰ることができて、最後には参議にまでのぼったと記されている。そして、『三代実録』の記事によると、その第五子にあたる善男は、機略にすぐれて政務にもたけており、論敵にむかって容赦をすることはなく、実力をふるいながら昇進を続けていって、参議や中納言を経て大納言にも任じられたというのである。そのような天賦の資質をそなえたものが、不遇のままに伊豆の配所で死んだとすると、あの菅原道真の御霊ではないが、おそるべき疫神としてあらわれて、はなはだしい災厄をもたらすというのも、あえてあやしむには足りないであろう。

　そればかりではなく、神田本の『江談抄』によると、大江匡房《おおえのまさふさ》と藤原実兼《さねかね》との間には、「被レ談云、伴大納言者先祖被レ知乎。答云、伴ノ氏文大略見候歟。被レ談云、氏文ニハ違事ヲ伝聞侍也」というように、伴善男の出自に関する問答がかわされて、「伴大納言ハ本者佐渡国百姓也。彼国郡司ニ従テソ侍ケル」というように、まったく異なる一説が示されている。すなわち、この佐渡の農民にあたる善男が、たまたまある夜の夢に、「西ノ大寺ト東ノ大寺トニ跨テ立タリツ」と見たのを、その妻女は深くも考えないで、「三トコロノ胯コソハサカレメ」と合わせたのであるが、郡司は丁重にもてなして、「汝ハ高名高相夢見テケリ。然無レ由人ニ語ケレハ、必大位ニ至ルトモ、定テ其徴故ニ、不レ慮外事出来テ、坐レ事歟」と合わせたという。そして、まさにその夢合わせのとおりに、京に上って大納言に任じられながら、伊豆に流されてむなしく終ったと伝えられる。

　もとより、伴大納言と称する人物は、大伴氏の後裔にあたるものであって、佐渡国の農民から出たはずはなかった。しかも、その記事の末尾に、「此事祖父所レ被二伝語一也。又其後ニ広俊父俊貞モ彼国住人ノ語リシナリトテ語リキ」と記されたように、この善男に関する不審な説話は、佐渡の住人によってもたらされて、京都の貴族の間にも知られており、ただ『江談抄』だけにとどまらないで、『古事談』や『宇治拾遺物語』にも取りいれられて、いっそうひろい範囲にゆきわたったのである。この偉大な個性をそなえた人物は、それだけ世俗の関心を集めていたといえようが、いったんは疫神の形態をとってあらわれながら、そのまま信仰の対象としてもち伝えられたわけではない。

時衆の聖と実盛の亡霊

それに対して、さまざまな御霊のなかには、かなり長い年月を隔てながら、思いがけない場面にあらわれてきて、のちの人々の祭りを受けるようになったものも少なくない。たとえば、『満済准后日記』の応永二十一年五月十一日の条に、「斎藤別当真盛霊於加州篠原出現、逢遊行上人受十念云々。去三月十一日事歟。卒都婆銘令一見了。実事ナラハ希代事也」と記されている。

この斎藤別当真盛というのは、通常は実盛と記されており、平家方の武将として知られるが、『平家物語』巻七の「実盛最後」に語られたように、寿永二年の加賀篠原の合戦で、手塚太郎光盛の主従と組みあったが、ついに力尽きて討ちとられたというものである。その最期の戦場では、老武者と人からあなどられないように、白髪を黒く染めていたというので、花も実もある勇士としてたたえられている。

その壮烈な死から、二百年以上の歳月を経て、この勇士の亡霊があらわれて、遊行上人の化導を受けたということは、謡曲の「実盛」にもつくられており、『謡曲拾葉抄』巻三には、「加州江沼郡篠原と云砂原に、実盛が首洗の池とて大き成池有。其上を手塚山と云。昔、此所実盛光盛組討の場也。所の人大剛の人の旧跡とて、土器を以て塚をつく。其後、相模国藤沢他阿弥上人（元祖より十四代め）巡国の節、此所を通られしに、実盛の魂魄出て上人に逢て、修羅道の苦患のかれかたき事を語て、跡を弔給へと云て見えす。上人感涙を流し、此所に七日逗留して、別時の大念仏を初め給ふ。其因縁に依て、代々他阿弥上人廻国の時は、いつとても此篠原に仮屋をたて、七日の間別時の大念仏、今の世迄も有事也。江沼郡の大守定て逗留中は御馳走也（時宗縁起文略）」と記されている。

戦後における時衆の研究では、この実盛の亡霊の供養についても、いっそう確実な事情が示されてきた。すなわち、『時衆研究』二十号には、望月華山氏の「十四代上人の実盛済度についての疑問」が掲げられており、十四代上人の奉納の回向札にもとづいて、康応二年の実盛の二百年忌に、遊行十四代の太空上人ではなく、遊行十一代の自空上人という聖が、はじめて実盛の亡霊をとむらって、これに真阿弥陀仏の法名を与えたと説かれている。

ところで、『時衆研究』三十号に掲げられたように、神奈川県立博物館所蔵の『遊行縁起』には、遊行十四代の太空の事跡にふれて、「加州潮津道場にして、応永廿一年三月五日より七日七夜の別時あり。中日にあたりて、白髪なるもの来て、算をとる。世のつねの人ともおほえぬものかなと思はれけれとも、諸人群衆の砌なれは、まきれて見えさりけり。翌日に篠原の地下より斎藤別当より遊行へ参て、算を給たれと風聞せり。是則天に口なし、人を以てさへつるといふ謂歟。同十日地下より申様は、斎藤別当の為に率都婆をあそはして給候へ、立候はんとて十四五尋はかりの木を削て進したり。さらはとてかかれぬ、其文云、南無阿弥陀仏三世諸仏出世本懐為説阿弥陀仏名号云々（中略）。仍往生の賓客、上下の旅人、此率都婆を書うつさぬ人はなかりけり」と記されている。そういうわけで、応永二十一年三月に、遊行十四代の太空上人が、加賀潮津の道場まできて、七日七夜の別時念仏をおこなったときには、斎藤実盛の亡霊があらわれて、上人から賦算札を受けとって、また率都婆を書いてもらったというわさは、ひろく世間にひろまっていったのである。『時衆研究』二十八号に掲げられたように、彰考館文庫所蔵の『二十四祖御修行記』によると、この十四代の太空上人をはじめ、その後の歴代の遊行上人は、いずれも潮津の西光寺をおとずれるたびに、くりかえし実盛の供養をいとなんできたとみられる。そのような時衆の聖の役割は、何よりもあらあらしい死者の霊を鎮めることにあったといってよい。

怨霊から稲をまもる虫送り

　さらに、三百年以上の歳月を経てのちに、同じ名でよばれる怨霊が、田の稲をそこなう害虫としておそれられ、やはりてあつい供養を受けるにいたったことが知られている。すなわち、『月堂見聞集』の巻二十五には、享保十七年の記事として、「当年は風雨時を得、五穀豊年之処、西国表の国々稲虫に雲霞と云虫生じ、次第次第に隣国へ移り、五畿内近所迄参候、其虫後には形大に成候、こがね虫の様に成候、西国方言此虫を実盛と申候、甲冑を帯したる形にて羽あり、一夜の間に数万石の稲も喰候由」などと記されているが、この凶年の虫害によって、特に西日本の方面では、しきりに実盛祭りや実盛送りがおこなわれるとともに、また実盛塚や実盛堂がつくられていったといえよう。

　『紀伊続風土記』巻十一には、名草郡禰宜村の実盛塚について、「村の南四町許、矢田峠より西にあり。碑面に梵字を彫む。土人虫送の時、此塚を火振の初とす。土俗虫送りには、都て実盛《サネモリ》殿の御訪《ヲトムラヒ》といふことを唱ふ。因て、此塚を実盛塚といふなるへし」と記されており、「按するに、実盛は早苗降《サナブリ》の転語なるへし。早苗降明神は稲穀を守護する神にして、伊都郡官省符荘等に祭れる故に、早苗降の神とひ来り給ふと唱へて稲虫を追退くる呪文ならん。されは、此塚は即其神を祭れるにて、早苗降塚といふへきを、訛り転して実盛塚となりしなり」とつけ加えられている。

また、『淡路常磐草』巻四には、津名郡鳥飼下村の実盛堂について、「是は斎藤実盛か霊蝗と化すといふ俗説によりて、農民堂を立て蝗を除くことを祈れるなるへし」と記されているが、『味地草』巻十五にも、これと同じ実盛堂について、「村鏡に云、実盛寿永の頃加州篠原にて討死の後、其怨霊蝗となりて本朝稲粱の種を失ふ。因て、其霊を毎州に実盛の社と尊祭す」などというほかに、いくつかの異説が掲げられており、「又、当州の農民、毎歳六月蝗送と云事あり（土用前後、定日なし）。稲葉に生する蝗を取、団子なとを笹竹に結ひ附、農民等是を携へ、鉦太鼓を奏し、稲の蝗を送った、実盛様のお供じや、跡も先も栄へたと、高声に唱へ、海辺へ送流す。海を隔ては、村境に捨置ば、比郷伝へて海に送り流す。此村は、当社へ神酒を供へ、社境において諷ひ踊る。夫より海浜に携へ流す」などと記されている。

『定本柳田國男集』巻九の「毛坊主考」には、特に「実盛像」という一節をもうけて、この関係の資料をあげながら、「要するにサネモリはサノボリ又はサナブリの意味が此の如く不明に成って後之に寃厲蝗と化するの説を加味し、或時代の害虫の畏怖が海内を震蕩させた際に、説明的迷信となって広く分布し、例の念仏供養を職業とする半僧半俗の伝道者が為にする所あって之を言振らしたものであらう」と論じられている。各地の事例をくらべあわせても、サノボリまたはサナブリということばから、ただちにサネモリにおきかえられたとはきめられないであろうが、田植えの儀礼に迎えられる田の神が、サンバイまたはサンボウなどとよばれており、その季節におとずれる稲の虫も、やはり同じような名であらわされているので、そういうサの神の信仰にもとづいて、おのずから実盛の霊のたたりが信じられたといえるであろう。

実際に、虫送りの行事そのものは、ひろく日本の全国にわたって認められるのに、実盛という名称の方は、かならずしもその縁故の土地とはかかわりなく、むしろ西日本の方面に限って知られている。ここには、多くの事例をあげるゆとりはないが、『民族』三巻五号によると、岐阜県加茂郡などの虫送りは、七月の土用の三日目などに、実盛公と奥方と弥五郎殿という三体の人形をもって、鉦や太鼓を鳴らしながら、村中をめぐって村境まで送るというものであった。この実盛公の人形は、藁で騎馬の姿につくられており、紙の旗に「斎藤別当実盛公」と記されていたという。『十津川の民俗』によると、奈良県吉野郡十津川村でも、土用の時節の行事として、まれには昼間に人形をつくり、同じように虫送りをおこなったというが、おおかたは夜にタイマツをもって、鉦や太鼓で『西の国の実盛さまのおん通りじゃ、羽虫も根虫も高野の山へ送るぞ、送るぞ」とか、また「ムシもケラも送るぞ、実盛どんのおん供せい」とか唱えながら、村中の田をまわって下手の川に送ったものであるという。そこでは、斎藤実盛が稲にからまって殺されたので、これをうらんで虫になったと伝えられている。

『備中町史民俗編』によると、岡山県川上郡備中町でも、土用の適当な日には、フキの葉に作物の虫を包んで、寺に集めて祈祷をおこなってから、晩げに「虫を送ろうや、虫を送ろうや、実盛を首切ろうや」などと唱えて、村境までこれを流しにいったという。実盛さまの人形に虫食いの作物をくくって、川にこれを流すこともおこなわれたようである。そこでも、斎藤実盛の霊が虫となって、そのように作物にたかるのだというのであった。『民族』三巻五号によると、福岡県浮羽郡の西部では、そのような虫送りの人形として、斎藤実盛と手塚光盛という二体をつくっているが、行列の先頭にそれらの人形をすえて、手に手にタイマツをもった人々が、太鼓や鉦の音に導かれながら、口々に「田の虫やホーイホーイ」と唱えて、耕地の隅々までまわってあるく。この行事の終りには、一行が村の広場に集まって、田の虫にあたる斎藤実盛が、稲の株につまずいて倒れ、手塚のために討ちとられるさまを演じている。そして、火の中に実盛の人形を投げこんで、村の入口に手塚の人形を立てて終るのである。

そのように実盛祭りや実盛送りというのは、かなり多様な形態をとりながらも、おおむね人形送りを中心になりたっていたといってよい。『定本柳田國男集』十三巻の「神送りと人形」をはじめ、『講座日本の民俗』六巻の神野善治氏の「人形送り」などにも示されたように、虫送りや疫病送りなどの意味をもって、村の境に人形を送ってゆくしきたりは、きわめてひろい範囲におこなわれたものである。そして、特に斎藤別当実盛の霊というのが、そのような人形送りの方式に、きわめてふさわしいものと認められたのであろう。

現代にも残る御霊のたたり

いうまでもなく、これまでの民俗学の研究では、日本人の信仰の体系が、何よりも祖霊信仰を中心にとらえられてきた。それによると、おおかたの死者の霊は、年月の経過とともに、死のけがれから離れてゆき、最終の年忌をもって、個別の供養をうちきられると、各自の個性を失ってしまい、先祖という霊体にとけこむものと考えられた。しかしながら、多くの死霊のなかには、無縁仏や餓鬼などと称して、身もとのわからない変死者の霊や子孫をもたない未婚者の霊のように、いつまでも祖霊化のコースをたどれないで、それぞれ本来の個性をもちつづけるものも少なくなかった。一般に御霊とよばれるのも、そのような異常な死霊であって、何らかのたたりをあらわすものをさしている。わけても、偉大な個性をもちながら、非業の死をとげたようなものは、もっともおそろしい御霊として、きわめてはげしいたたりをあらわすものとおそれられていた。

その歴史上の展開をたどると、特に平安遷都の前後から、天変地異の不安も重なって、特定の死霊のたたりが、しだいにひろく信じられていったとみられる。すでに延暦年間から、早良親王などの御霊が、丁重な祭りをうけたようであるが、ついに貞観五年には、大きな規模の御霊会が、宮中の行事としておこなわれるにいたった。そのような形勢のなかで、さきの伴善男などの御霊は、それほど著しい影響を及ぼすこともなく、のちの菅原道真の御霊が、もっとはげしい威力を示したといえよう。

中世から近世にかけて、同じ系統の御霊信仰は、かならずしも衰滅の様相をみせないで、かえって都市から農村にもひろまっていったといってよい。さきの斎藤実盛や曾我兄弟などのように、はげしい合戦や争闘を通じて、はなばなしい死をとげた武士の御霊が、しばしばおそろしいたたりをあらわしていたことはいうまでもない。また、山家清兵衛や佐倉宗吾などのように、お家騒動や百姓一揆などとかかわって、いたましい犠牲となった人物の御霊が、いっそう大きな衝撃を与えていたことにも注目しなければならない。

それだけではなく、近代や現代の社会でも、人心の不安や動揺にともなって、同じような御霊のたたりが信じられることは少なくないのである。たとえば、『西郊民俗』百十八号の田中丸勝彦氏の「落人伝承と祟り神（一）」には、ごく近年の現象として、佐賀県唐津市の周辺で、岸岳城主の波多家の一族が、キシタケバッソンという名をもって、しばしば新しい神にまつられてきたと説かれている。この「怨霊と災害」というテーマについては、はるかな過去の資料を探しもとめるだけでなく、そのような現実の事例をもあわせ考えなければならないであろう。

（『歴史読本臨時増刊』三十四巻十二号）

疫神の詫び證文

はじめに

この宇都宮の地で、疫病神の伝承についてのべるにあたって、昭和三十五年に宇都宮大学の学芸学部で、非常勤講師として講義をさせていただいたことを、改めてなつかしく思いおこしている。せっかくのよい機会なので、ごく身近なところに、これだけの材料があったのだと、改めて見直していただきたいと思う。

疫神の詫び證文一覧　〔表中の○印は、原本、写真またはコピーによって、その本文を確認したもの〕

伝承地	資料	標題	年月	差出人	宛先
	○『八景聞取法問』一（宝暦四年刊行）	一札之事	年号月日	黒味筋悪他四名	若狭国小浜組屋六郎右衛門
茨城県水戸市内原飯田家	○徳原聡行氏調査	疱瘡神五人相渡申誤證文之事	長徳三年五月（天保九年）	セイ七尺斗山伏墨味筋悪他四名	若狭小浜組屋六良左衛門
茨城県日立市山部小池家	○『西郊民俗』一八二	疱瘡神五人相渡申誤文之事	長徳三年五月	長七尺山伏黒味筋悪他四名	若狭国小浜組屋六郎左衛門

茨城県土浦市田村池島家	○土浦市立博物館所蔵	疱瘡神五人相渡申一札之事	長徳四年六月	五尺計大男邪々寛味他四名	若狭国紺屋六郎左衛門
茨城県土浦市田村篠原家	○徳原聡行氏調査	疱瘡神五人相渡申誤證文之事	長徳三年五月	長七尺之山伏墨味筋悪他四名	若狭国小浜城主紺屋六郎左衛門
茨城県取手市藤代日下家	○近江札子氏調査	疱瘡神五人ヨリ相渡申證文之事	長徳三年五月	丈ヶ七尺之山伏黒味筋悪他四名	若狭国小浜紺屋六郎左衛門
茨城県取手市山王高中家	○近江札子氏調査	疱瘡神五人相渡申誤證文之事	長徳三年五月	丈七尺山伏黒味筋悪他四名	若狭国小浜紺屋六郎左衛門
茨城県つくば市谷田部町苅間入江家	『茨城の民俗』一二五		長徳三年五月	丈七尺山伏愚味筋悪他四名	若狭国小浜染屋六郎左衛門
茨城県つくば市谷田部町今川家	○茨城県立歴史館所蔵	疱瘡神五相渡誤證文之事	長徳三年五月	セイ七尺山伏墨味筋悪他四名	若狭国小浜組屋六郎左衛門
茨城県坂東市桐木逆井家	○小池淳一氏調査	疱瘡神五人郎相渡誤之事	長徳三年五月	六七尺山伏暑味筋悪他四名	若狭国紺屋六郎左衛門
茨城県坂東市桐木逆井家	○小池淳一氏調査	疱瘡神五人郎相渡誤之事	長徳三年五月	六七尺山伏暑味筋悪他四名	若狭国紺屋六郎左衛門
茨城県稲敷市鳩崎川崎家	○『茨城の民俗』一二五	疱瘡神五相渡申誤證文之事	長徳三年五月	丈七尺之大山伏黒味筋悪他四名	若狭国小浜紺屋六郎左衛門
茨城家行方市根小屋手賀家	○『麻生の文化』九	疱瘡神五人ヨリ相渡申誤證文之事	長徳三年五月	丈七尺山伏他四名	若狭国小浜餅屋六郎左衛門
茨城県行方市四鹿高野家	『麻生の文化』九		長徳三年五月	丈七尺山伏墨味節物他四名	若狭国小浜餅屋六郎左衛門

茨城県小美玉市上玉里河口家	○『茨城の民俗』二五	疱瘡神五人相渡申誤證文之事	長徳三年五月	丈七尺山伏黒味筋悪他四名	若狭国小浜組屋六郎左衛門
茨城県つくばみらい市結城家	○徳原聡行氏調査	疱瘡神五人相渡申謬證文之事	長徳三年五月	丈七尺山伏黒味筋悪他四名	若狭国小浜組屋六郎左衛門
茨城県結城郡八千代町坪井谷中家	○立石尚之氏調査	疱瘡神五人相渡り誤證文之事	長徳三年五月	丈七尺山伏黒味筋他四名	若州小浜組屋六郎左衛門
茨城県結城郡八千代町野爪川村家	○立石尚之氏調査	疱瘡神五人相渡り誤證文之事	長徳三年五月	丈七尺山伏黒味筋悪他四名	若州小浜組屋六郎左衛門
栃木県宇都宮市岩原町高橋家	○栃木県立文書館所蔵	疱瘡神五人相渡申候誤證文之事	長徳三年五月（嘉永元年）	丈七尺山峠黒跡筋悪他四名	若狭国小浜紺屋六左衛門（市之進）
栃木県宇都宮市岩原町高橋家	○栃木県立文書館所蔵	疱瘡神五人相渡申候誤證文之事	長徳三年五月（安政六年）	丈七尺之山峠黒跡筋悪他四名	若狭国小浜紺屋六左衛門（酒造之助・はく）
栃木県宇都宮市岩曽町半田家	○栃木県立文書館所蔵	疱瘡神五人相渡申誤證文事	長徳三年五月	丈七尺ノ山伏黒味筋悪他四名	若狭国小浜組屋六左衛門
栃木県宇都宮市上戸祭町石塚家	○宇都宮市立図書館所蔵	疱瘡神相渡申誤證文之事	長徳三年正月	丈七尺大山伏黒味物□他四名	若狭国小浜紺屋六左衛門
栃木県宇都宮市寺町野沢家	○栃木県立文書館所蔵	疱瘡神五人相渡し申誤り證文之事	長徳三年五月	丈七尺ノ山伏黒味筋悪他四名	若狭之国小浜紺屋六郎左衛門
栃木県宇都宮市菊水町川又家	栃木県立文書館所蔵	疱瘡神五人相渡申誤證文之事	長徳四年六月		

栃木県栃木市園部寺内家	○栃木県立文書館所蔵	疱瘡神五人相渡申誤證文之事	長徳三年五月	丈七尺山伏黒味筋悪他四名	若狭国小浜紺屋六左衛門
栃木県鹿沼市天神町金子家	○鹿沼市史編纂室所蔵	疱瘡神五人相渡シ申誤證文之事	長徳三年五月（文政十一年）	丈七尺山伏黒味筋悪他四名	若狭国小浜紺屋六左衛門（之写池沢氏）
栃木県鹿沼市上石川町石川家	栃木県立文書館所蔵	疱瘡神五人相渡申誤證文事			
栃木県鹿沼市草久石原家	○栃木県立文書館所蔵	疱瘡神五人相渡申誤證文之事	長徳三年正月	丈七尺之大山伏暑味筋□他四名	若狭国小浜紺屋六左衛門
栃木県鹿沼市塩山町佐藤家	○栃木県立文書館所蔵		長徳三年正月	丈七尺山伏黒味筋悪他四名	若狭国小浜紺屋六左□□
栃木県鹿沼市下南摩町阿久津家	○栃木県立文書館所蔵	疱瘡神五人相渡申誤證文之事	長徳三年五月（文政十一年）	丈七尺山伏黒味筋悪他四名	若狭国小浜紺屋六左衛門（あくつ氏写之）
栃木県鹿沼市楡木町田中家	○鹿沼市史編纂室所蔵	疱瘡神五人相渡申設證文之事	長徳三年正月	丈七尺山峠黒味筋物他四名	若狭国小浜紺屋六左衛門
栃木県鹿沼市磯町金子家（磯部社神官）	○栃木県立文書館所蔵	疱瘡神五人相渡申誤證文之事	長徳三年正月	丈七尺大山伏暑味筋□他四名	若狭国小浜紺屋六左衛門（親類誰々何才男子）
栃木県今市市嘉多蔵手塚家	○今市市歴史民俗資料館所蔵	疱瘡神五人被相渡申誤り證文之事	長徳三年正月	丈七尺大山伏暑□筋□他四名	若狭国小浜紺屋六左衛門（親類）
栃木県今市市平ケ崎沼尾家	○今市市歴史民俗資料館所蔵	疱瘡神相渡申誤證文之事	長徳三年正月	両七尺大山伏暑□筋□他四名	若狭国小浜紺屋六左衛門（親類阿久津文吉）

栃木県真岡市伊勢崎芳志戸家	久野俊彦氏調査	疱瘡神五人相渡し申證文			
栃木県下野市町田後藤家	○南河内町史編纂室所蔵	疱瘡神五人相渡誤證文之事	長徳三年五月	丈七尺山伏黒味筋悪他四名	若州小浜組屋六郎左衛門
栃木県下野市東根峰岸家	○南河内町史編纂室所蔵	疱瘡神五人相渡申證文之事	長徳四年六月	丈七尺山伏墨味筋物他四名	若狭国小浜組屋六郎左衛門
栃木県河内郡河内町古田菱沼家	○栃木県立文書館所蔵	疱瘡神五人相渡申誤證文之事	長徳三年五月（天保十年）	一条院御内黒破筋悪他五名	若狭国小浜紺屋六郎左衛門
栃木県河内郡河内町中岡本落合家	○栃木県立文書館所蔵	疱瘡神五人江相渡申誤證文之事	長徳三年五月	丈七尺ノ山峠黒跡筋悪他四名	若狭国小浜紺屋六右衛門
栃木県芳賀郡益子町益子大久保家	『益子町史』三	疱瘡神五人組差上證文之事	長徳三年三月（元治二年）	丈七尺山伏黒染文惣他二名	（ともい）
栃木県芳賀郡茂木町九石九石家	久野俊彦氏調査	疱瘡神五人相渡申誤證文			
栃木県芳賀郡二宮町古山苅部家	○『広報にのみや』五三五	疱瘡神五人相渡申誤證文之事	正徳四年四月	丈七尺大山伏黒味筋悪他四名	若狭国小浜紺屋六左衛門
栃木県芳賀郡芳賀町稲毛田吉永家	○芳賀町史編纂室所蔵	疱瘡神五人相渡誤證文之事	長徳三年五月	丈ケ七尺ノ山峠黒□筋悪他四名	若狭国小浜紺屋六左衛門
栃木県塩谷郡塩谷町道下柿沼家	『塩谷町史』	疱瘡神五人相渡申誤證文之事	長徳三年		
群馬県前橋市東大室町山田家	『民具マンスリー』二五－八	疱瘡神五人相渡誤證文事	長徳三年五月	丈七尺山伏墨味筋悪他四名	若狭国小浜細屋六左衛門
群馬県桐生市川内町高野家	○『民具マンスリー』二五－八	疱瘡神五人相渡誤證文事	長徳三年六月	丈七尺山伏墨味筋悪他四名	若狭国小浜細屋六左衛門

群馬県太田市東金井小林家	『群馬県史資料編』一六	疱瘡神五人相渡誤證文事	長徳三年五月	丈七尺山伏墨味筋悪他四名	若狭国小浜組屋六左衛門
群馬県太田市内ケ島大槻家	『民具マンスリー』二五－八	疱瘡神五人相渡誤證文之事	長徳三年六月	丈七尺山伏黒味筋悪他四名	若狭国小浜紺屋六左衛門
埼玉県比企郡吉見町本沢原口家	『吉見町史』下	疱瘡神五人ニ而相渡申證文之事	長徳三年五月	（疱瘡神五人）	若狭国小浜組屋六郎左衛門
千葉県成田市北須賀小川家	『成田史談』二〇		長徳三年五月	丈七尺之山伏黒味筋悪他四名	若狭国小浜紺屋六左衛門
千葉県旭市上永井向後家	『飯岡町史資料集』三	疱瘡神五人相渡申謬訛證文之事	長徳三年五月（嘉永七年）	丈七尺山伏黒味筋惣他三名	
千葉県我孫子市根戸飯泉家	近江札子氏調査	疱瘡神五人誤証文事	長徳五年五月	丈七尺之山伏星味筋者他四名	若狭国小浜紺屋六郎左衛門
千葉県我孫子市下ケ戸染谷家	近江札子氏調査	疱瘡神五人誤証文事	長徳五年五月	丈七尺山伏里見筋者他四名	若狭国小浜紺屋六郎左衛門
千葉県匝瑳市野手伊藤家	○野栄町教育委員会提供	疱瘡神五人證文之事	長徳三年三月	丈七尺山伏黒味筋悪他四名	若狭国小浜紺屋六郎左衛門
千葉県匝瑳市市川辺佐久間家	○野栄町教育委員会提供	疱瘡五人相渡證文之事	長徳三年五月	丈七尺山伏黒味筋悪他四名	若狭国小浜組屋六郎左衛門
千葉県香取市寺宿青柳家	○千葉県立中央博物館大利根分館所蔵	疱瘡神五人相渡ス誤證文之事		丈七尺山伏黒味筋悪他四名	若狭国小浜紺屋六郎左衛門
千葉県印旛郡栄町酒直木原家	○千葉県立房総のむら提供	疱瘡神一人相渡申證文之事	長徳三年五月	丈七尺山伏黒味筋悪他三名	若狭国小浜組屋六郎左衛門
千葉県印旛郡印旛村岩戸香取家	○大谷貞夫氏調査	疱瘡神五人相渡申證文之事	長徳三年五月	丈七尺山伏墨味筋郎他三名	若狭国小浜組屋六郎左衛門

神奈川県鎌倉市十二所小丸家	○千代田区立四番町歴史民俗資料館		長徳三年五月	疱瘡神五人	若州小浜組屋六郎左衛門
神奈川県相模原市三ケ木円光院	○神奈川県立公文書館所蔵	疱瘡神五人相渡申證文之事	長徳三年正月	丈七尺之大山伏日若味筋悪他三名	若狭国小浜紺屋六右衛門（親類八右衛門男子栄太郎）
神奈川県相模原市三ケ木円光院	○神奈川県立公文書館所蔵	疱瘡神五人相渡申證文之事	長徳三年正月	丈七尺之大山伏日若味筋悪他三名	若狭国小浜紺屋六右衛門（親類八右衛門男子栄太郎）
山梨県大月市富浜町鳥沢山田家	○山梨県史編さん室調査	疱瘡神誤證文之事	正徳四年	山伏他四名	若狭国小浜紺屋六郎左衛門
京都府京都市伏見区荒木家	○京都市歴史資料館所蔵	疱瘡神五人相渡申誤證文事	長徳三年五月	丈七尺斗山伏黒味筋悪他四名	若州小浜紺屋六郎左衛門
原所蔵者不明	○武田科学振興財団杏雨書屋	疱瘡神五人誤證文之事	長徳五年五月	丈ケ山伏黒味筋旨他四名	若狭国小浜組屋六郎右衛門
	○『竹抓子』（天保六年自序）	差上申一札之事	文政三年九月	疫病神	仁賀保金七郎
	『梅の塵』（天保一五年自序）	差上ケ申候一札之事	文政三年九月	疫病神	仁賀保金七郎
秋田県由利本荘市小友鈴木家	『萬用帳』	差上申一札之事	文政三年九月	疫病神	仁賀保金七郎
茨城県坂東市萱谷飯田家	○『猿島町史』資料編近世	差上申一札之事	文政三年九月	疫病神	仁賀保大膳様御内仁賀保金七郎
茨城県つくばみらい市野口家	『伊奈広報』二七〇	差上申一札之事	文政三年九月	疫病神	仁賀保金七郎
栃木県小山市福良	栃木県立文書館所蔵	差上申誤証文之事	文政五年九月	疫病神	仁賀保金七郎
栃木県芳賀郡二宮町三谷豊田家	○『二宮町の文化財古文書編』	差上申一札之事		疫病神	仁賀保金七郎様御役所

栃木県芳賀郡二宮町西物井早瀬家	○『広報にのみや』五三五	差上申一札之事	文政三年八月	疫病神	仁賀保大膳様御内仁賀保金七郎
栃木県芳賀郡二宮町西物井早瀬家	○『広報にのみや』五三五	差上申壱札之事	文政三年八月	疫病神	仁賀保大膳様御内仁賀保金七郎
栃木県原所蔵者不明	○栃木県立文書館所蔵	差上申一札之事		疫病神	仁賀保金七郎
群馬県渋川市八崎狩野家	○『歳時と信仰の民俗』	差上申一札之事	文政三年九月	疫病神	仁賀保金七郎
群馬県利根郡片品村越本笠原家	○『民具マンスリー』二五－八	差上申一札之事	文政三年九月	疫病神	仁賀保大膳様御内仁賀保金七郎
埼玉県飯能市吾野朝日家（三社神社社家）	中沢伸弘氏調査	差上申一札之事		疫病神	仁賀保金七郎
埼玉県坂戸市赤尾林家	○埼玉県立文書館所蔵	差上申一札之事		疫病神	仁賀保金質郎輝義
埼玉県坂戸市多和田田中家	○丸山栄則氏調査	差上申一札之事	文政三年九月	疫病神	仁賀保金七郎
埼玉県戸田市下笹目栗原家	○『戸田市史民俗編』	差上申一札之事	文政三年九月	疫病神	仁賀保金七郎
埼玉県比企郡小川町勝呂宮沢家	『小川町の歴史資料編』五	差上申一札之事	天保九年五月	疫病神	仁賀保金七郎　仁賀保石膳
東京都小平市喜平町滝島家	○小平市中央図書館所蔵	差上申一札之事	文政三年九月	疫痛神	仁賀保大膳様御内仁賀保金七郎
東京都小平市鈴木町鈴木家	○小平市中央図書館所蔵	差上申一札之事	文政三年九月	疫痛神	仁賀保大膳様御内仁賀保金七郎
東京都国分寺市光町川島家	○国分寺市史編纂室所蔵	差上申一札之事	文政三年	疫病神	仁賀保大膳様御内仁賀保金七郎
東京都国分寺市光町川島家	○国分寺市史編纂室所蔵	差上申一札之事	文政三年	疫病神	仁賀保大膳様御内仁賀保金七郎

東京都国分寺市光町川島家	○国分寺市史編纂室所蔵	差上申一札之事	文政三年	疫病神	仁賀保大膳様御内仁賀保金七郎
東京都あきる野市喜平町乙津軍道鈴木家	○五日市郷土館所蔵	差上申一札之事	文政三年	疫病神	仁賀保大膳様御内仁賀保金七郎
神奈川県横浜市中区本牧元町佐藤家	○横浜開港資料館所蔵	差上申一札之事	文政三年九月	疫病神	仁賀保大膳様御内仁賀保金七郎
神奈川県横浜市瀬谷区下瀬谷市川家	○『瀬谷区の歴史生活資料編』	入置申一札之事	文政元年九月	疫病神	仁賀保金七郎
神奈川県横浜市瀬谷区阿久和町相沢家	○『瀬谷区の歴史生活資料編』	入置申一札之事	文政元年九月	疫病神	仁賀保金七郎
神奈川県平塚市広川飯田家	○『平塚市史資料編近世二』	入置申證文之事	天保五年六月	疫病神	似賀保金七郎
神奈川県座間市四谷川島家	○『相模川流域の民俗』	差上申一札之事	元明二年九月	疫病神	仁賀保大膳内仁賀保金七郎
神奈川県中郡大磯町生沢後藤家	○『神奈川県史資料編八』	差上申一札之事	文政三年九月	疫病神	仁賀保金七郎
山梨県大月市七保町林鈴木家	○山梨県史編さん室調査	差上申一札之事	文化六年	疫神	仁賀保大膳様内江戸番町同苗金七郎様役宅
静岡県駿東郡小山町桑木小見山家	○『小山町史近世資料編二』	差上申一札之事		疫病神	江戸本所五丁目仁賀保金七郎
静岡県駿東郡小山町桑木小見山家	○『小山町史近世資料編二』	差上申一札之事		疫病神	江戸本所五丁目仁賀保金七郎
愛知県北設楽郡東栄町畑金田家	○『東栄町史近世文書編』	差上申一札之事	文政三年九月	疫病神	仁賀保金十郎
栃木県鹿沼市草久石原家	○栃木県立文書館所蔵	謹奉呈一札之事		疱瘡神	鎮西八郎
栃木県鹿沼市下南摩阿久津家	○栃木県立文書館所蔵	謹而奉呈上候一書之事	慶長七年八月	疱瘡神一族供	鎮西八郎為儀公

神奈川県藤沢市鵠沼長野家	○『西郊民俗』一一四	謹一書奉申候		疱瘡神一族供	八丈嶋主鎮西八郎為朝
神奈川県藤沢市遠藤田代家	○『西郊民俗』一一四	敬白神文誓紙之事	安政二年正月	芋神僧旨	治郎兵衛

（〝口頭伝承と文字文化―文字の民俗学　声の歴史学〟）

疫神の詫び證文の一例

別掲の資料にも示しておいたように、宇都宮市岩原町の高橋氏のお宅には、疱瘡神の詫び證文にあたるものが伝えられている。ひととおりその全文を掲げてみると、

疱瘡神五人相渡申候誤證文之事

一我々共疱瘡神となり、世上一統流行候処、或ハ大キニ重ク致者も有之、又ハ軽ク為致候疱瘡子供之為と存候段、我々心得違、且又笹湯相済候後、七拾五日之内、食餌抔相障、腹中瀉シ、又一旦相仕舞候疱瘡再発致させ、往々不届之段、奉誤入候事。

一外良松皮の類ハ、自今急度相止メ、蜀黍山、富士山之様ニ、山をあケさせ可申候事。

一序病ヨリ本服之内、笹湯相済候迄、種々之温事、并やく躰もなき讝語など、堅被申間敷事。

一疱瘡相仕舞不申候内、譬如何様之痒気有之候共、猥掻申間敷候。蚤虱ニ被喰候共、堪

忍致シ可申候。若シ無拠痒気有之候ハヽ、鬼之手ニ而徐ニ撫置可申候事。

一貴殿名前書附之門口ニハ、悪敷者共為挸見間敷候。

右之趣、以来急度相守可申候。勿論仲間之者共ニ逐一ニ被申聞、堅相守可申候。自今何方之子供衆ニ而も、みちやくちやハ不及申、成人之後邪魔ニ成候様之所江跡出来候ハヽ、何様之御咎御仕置被仰付候共、其節ハ一言之御答無御座候。為後日入置申誤證文仍而如件。

市之進　当申二歳

于時人皇六十六代一条院御宇　長徳三年酉五月日

丈七尺山峠　黒跡筋悪判

二十三才静成男　腑早荷軽判

七十斗食楚　松皮掻姫爪判

七十五人振袖　赤大粒姫爪判

五十斗とらみ額　邪々寛味判

若狭国小浜　紺屋六左衛門殿

疱瘡府歌

神の国神のみ孫の人なれは悪魔外道はよつもつかれす

千早振神の教のせきの戸のすき間のかせも内へ入まし

昔よりやくそくなれはいもはしかやむともしなじ春秋のころ
みとり子の我も我もとさこふともいはゐの帯をしめて永いき
長徳四年戊六月八日
疱瘡神御宿
越前国南条郡湯尾峠御孫嫡子
此書付をふうじニ致し貼置候得ハ、ほうそうかるくてき申候。尤疱瘡流行候節はりおき
候而よし。

というものである。その文体や内容からみても、平安時代の長徳三年に、疱瘡神自身によって書かれたはずはないのであって、いわゆる偽文書にあたるものであることはいうまでもない。

疫神の詫び證文の類型

それにもかかわらず、これまでの民俗学の調査によると、疱瘡神や疫病神の名をもって、誰か特定の人物あてに書かれた、同じような詫び證文に属するものが、ひろく関東の各地に知られており、おそらくは疫病よけの呪符として用いられたものと考えられる。そのような疫神の詫び證文について、昭和六十年に民俗民芸叢書の第九十八として出された、拙著の

『疫神とその周辺』では、とりあえず十九の事例をあげて説いてみた。そして、平成六年に出された御影史学研究会の『民俗の歴史的世界』に収められた、拙論の「疱瘡神の詫び證文」では、改めて五十八の事例をあげてまとめたのである。それからも、いくつかの新しい資料が寄せられているので、ここでは、改めて「疫神の詫び證文一覧」をつくりなおして、とりあえず百一の事例にもとづいて、疫病と信仰との関聯をさぐってみたいのである。

さきの拙論にも示しておいたように、それらの疫神の詫び證文は、大きく四つの類型に分けてとらえられるであろう。第一には、長徳四年六月または長徳三年五月の日付で、疱瘡神五人の連名によって、若狭国小浜の組屋六郎左衛門にさし出されたもので、もっとも多くの五十四例を占めている。第二には、文政三年九月の日付で、疫病神両名の署名をもって、旗本の仁賀保金七郎にさし上げられたもので、それにつぐ二十五例に及ぶものである。第三には、「疱瘡神」または「疱瘡神一族供」としるされて、八丈島の鎮西八郎為朝にさし出されたもので、さしあたり三例しか知られていないが、民間の疱瘡神の伝承として注目されるであろう。第四には、安政二年正月の日付で、「芋神」から「治郎兵衛」にあてて、「向後子々孫々至迄、我等儀は一切立入間敷候」などとしるされたもので、神奈川県の藤沢市に一例だけ伝えられている。差出人の「芋神」というのは、あきらかに疱瘡神にあたるものであるが、宛先の「治郎兵衛」というのが、どのような立場の人物かはわかっていないので、さし

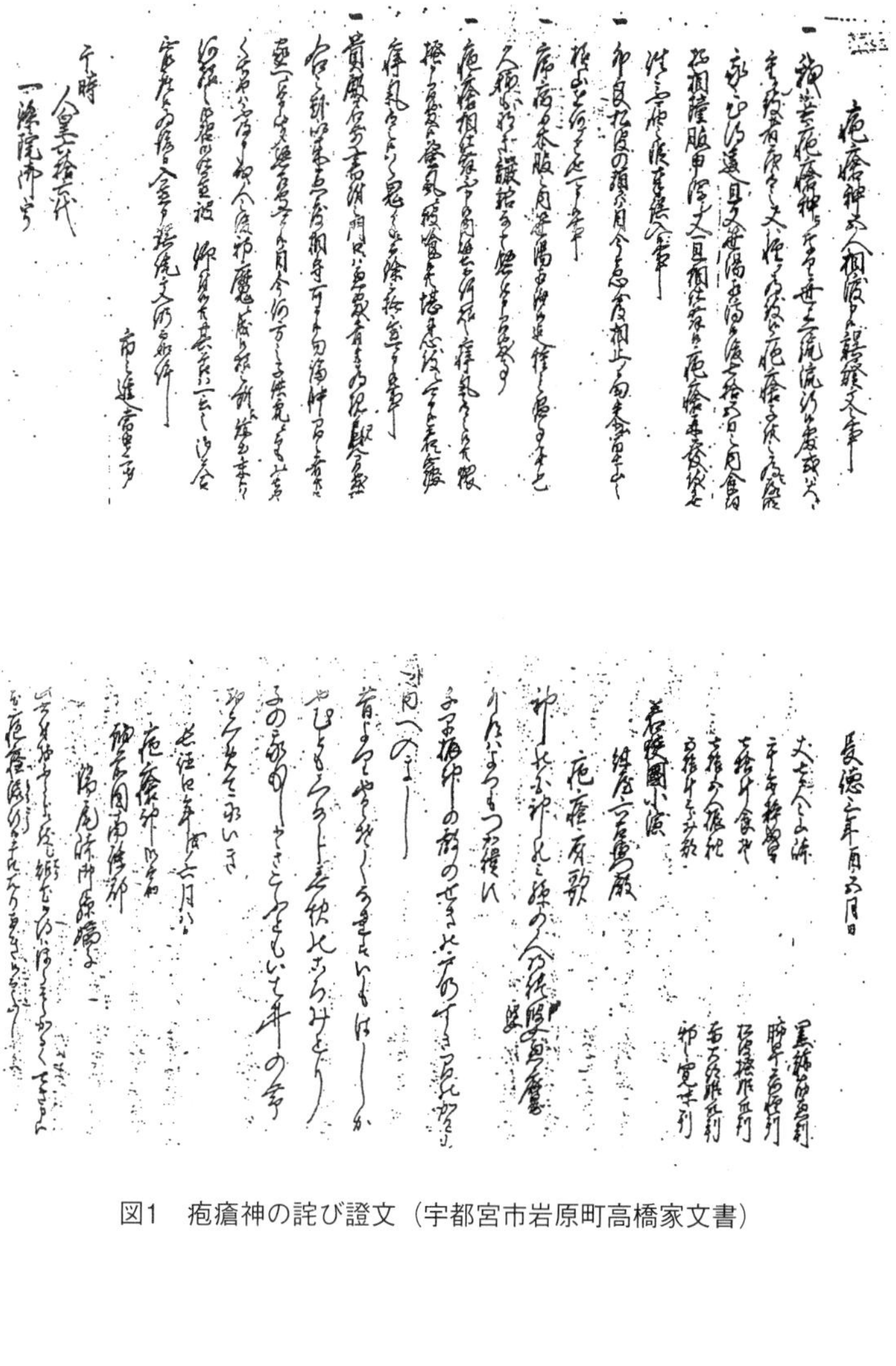

図1　疱瘡神の詫び證文（宇都宮市岩原町高橋家文書）

あたり的確に位置づけるのはむずかしいようである。ここでは、第一類の組屋六郎左衛門あての詫び證文を中心に、第二類の仁賀保金七郎あてのものや、第三類の鎮西八郎あてのものにもふれながら、民俗信仰における疱瘡神のイメージについて考えてみたい。

疱瘡神の詫び證文の伝来

第一類の疱瘡神の詫び證文は、平安時代の長徳四年や同三年という紀年をもって伝えられるが、のちにふれる『越前国南条郡湯尾峠御孫嫡子縁起』の記事にもとづいて、疱瘡神の出現の当年の長徳四年、または前年の同三年にあてられたもので、実際には江戸時代の中期から後期にかけてつくられたと思われる。

さきに『日本民俗学』二百十四号には、長谷川弥氏の「疱瘡神詫び證文の原典と思われる談義本『八景聞取法問』について」が掲げられて、これに関する重要な資料が取りあげられている。国立国会図書館の宝暦四年の版本によると、褒梅牖の『八景聞取法問』第一の「疱瘡の寄の跡」には、疱瘡神の五人の連判をもって、若狭国の組屋六郎右衛門にあてた文書が出てくるが、

一札之事

一我々共儀古来より、世上一統に疱瘡時行せ候処、或ハ大酒に給酔、又ハ軽く致させべ

き疱瘡をも我々心得違ひにて重く致させ、且又笹湯相済候後も七十五日の内食餌抔に相障り腹中を瀉し、一旦相仕舞候疱瘡を再発致させ候儀重々の不届誤り入存候事。

一外郎松皮の類自今急度相止、蜀黍一通りにて仕候事。

一序病ヨリ本膿の内、笹湯相済候迄種々の溢事并やくたいもなき戯言一切申ましき事。

一疱瘡乾仕廻不申候内、縦如何様にかゆみ有之候ても猥りに掻申間敷候。尤蚤虱に喰れ候共堪忍致し為可申候。若無拠かゆみ有之候ハヽ、兎の手にてそつと撫置可申候事。

一貴殿之名前書付有之候門口へは覗ても見申ましく候事。

右之趣以来急度相守、勿論仲間之者共江も逐一に申聞せ、堅く為相守可申候。自今何方之子共成ともみちやくちやハ不申及、成仁の後邪魔に成候やうなる寄跡出来候ハヽ、何様共御咎可被成候、其節一言申間敷候。為後證一札仍如件。

黒味筋悪　判
脚早荷軽　判
松皮掻姫　爪印
赤大粒姫　爪印
邪々寛坐　判

年号月日

若狭国小浜　組屋六郎右衛門殿

というものであった。さきの長谷川氏の論では、この『八景聞取法問』の「一札之事」が、疱瘡神の詫び證文の原典と認められている。そのような談議本の性格から、疫病よけの呪符の採録とも考えられるので、かならずしも一概には決められないかもしれないが、宝暦四年という刊行の年時からいっても、その成立の当初の形態をうかがうことができそうである。

現にこの第一類の詫び證文は、茨城、栃木、群馬、埼玉、千葉、神奈川の諸県にわたって、かなりひろく関東の各地に知られており、どういうわけか、ただ一例だけ京都市の伏見区にも伝えられていた。しかも、そのような第一類の文書には、文政十一年、天保九年、天保十年、嘉永元年、嘉永七年、安政六年、元治二年などという年時のしるされたものもあって、実際には幕末のある期間に、あいついで書きうつされていったものと知られる。

疱瘡神の詫び證文の基本型

いずれにしても、このグループの文書の本文は、きわめて極端な異同を示しており、たやすく本来の形態をとらえることはできない。さきに、拙論の「疱瘡神の詫び證文」では、三十五例の本文の対照表をつくったうえで、疱瘡神の詫び證文の基本形を示しておいたが、ここでは、それに最小限の修正を加えることによって、その基本形の改訂版を示すこととする。

かさねがさねわずらわしいかもしれないが、ひととおりその本文にあたってみると、

疱瘡神五人相渡申誤證文之事

一我等共疱瘡神となり、世上一統時行候処、或は大酒給酔、又は軽為致候疱瘡重為候段、我等心得違、且又笹湯相済候後七拾五日之内、食餌抔相障腹中瀉、一旦仕舞候疱瘡も再発為致、重々不届之段、誤入奉畏候事。

一外郎松皮之類は、自今急度相止メ、蜀黍一通ニ仕、富士山之様ニ山を為上可申候事。

一序病ゟ本膿之内、笹湯相済候迄、種々之溢事、并やく躰も無之戯言為申間敷候事。

一疱瘡乾仕舞不申候内、譬如何様之痒気有之候共、猥ニ掻申間敷候。尤蚤虱ニ被喰候ても、堪忍致可申候。若無拠痒気有之候ハヽ、兎之手ニ而徐々と撫置可申候事。

一貴殿之名前書付之門口ニは、悪敷者共、為覗ても為見申間敷候事。

右之趣、以来急度相守、勿論仲間之者共迄、逐一ニ為申聞、堅ク為相守可申候。自今何方之子供成共、みちやくちやハ不申及、成人之後邪魔ニ成候様成寄跡出来候ハヽ、何様之御咎メ御仕置被仰付候共、其節一言も申上間敷候。為後日誤證文仍而如件。

時人皇六十六代一条院御代　長徳三年酉五月日

丈七尺山伏　　黒味筋悪判
廿三才静成男　脚早荷軽判

七十斗乞食姥　松皮掻姫爪判
十七才振袖　赤大粒姫爪判
五十斗唐犬額　邪々寛坐判

若狭国小浜　組屋六郎左衛門殿
疱瘡符歌
神国の神の子孫の家なれは悪魔外道も寄に寄られす
千早振神の教の関の戸の透間の風も内に入まし
昔より約束なれはいもはしか病とも死さし神垣の内
みとり子を洩さて包苔衣巌の帯をしめて長生
長徳四年戊六月八日
疱瘡神御宿
越前国南条郡湯尾峠御孫嫡子也

というように、何とか読み通せるわけである。ここでは、この校訂による本文に沿いながら、その内容に関する検討を進めてゆく。

疱瘡の発病と経過

ここに取りあげる文書は、「疱瘡神五人相渡申誤證文之事」と題されているように、疱瘡神五人の詫び證文の形式をとりながら、疱瘡にかかっても軽くてすむようにと願ったものであるといえよう。もともとこの疱瘡という病気は、奈良時代に大陸から入ってきてから、明治年間に種痘がゆきわたるまで、しばしば大流行をくり返して、久しく日本人を苦しめたものであった。この恐しい病気にかかると、大事な一命を失うこともすくなくないが、何とか死だけは免れても、完全な失明などに至るものも多く、また「疱瘡は器量さだめ」というように、醜い跡形を残すものも多かったのである。しかし、いったん疱瘡にかかってしまうと、それによって免疫を得ることができるというので、ある種の通過儀礼のように、発病とともに疱瘡神を迎えまつって、全快とともにこれを送りだすことがおこなわれていた。

この病の徴候は、いくつかの段階に分けてとらえられるが、香月牛山の『小児必用養育草』の巻四から、「痘瘡始終日数の説」というのを引いておくと、そこには、先行の医書の記事をふまえながら、

○熱蒸とて、三日あり、和俗ほとをりといひ、又は序病といふなり。

○放標とて、三日あり、和俗出そろひといふなり。

○起脹とて、三日あり、和俗水うみといふなり。
○貫膿とて、三日あり、和俗山あげといふなり。
○収靨とて、三日あり、和俗かせといふなり。
かくのごとく、三日づつにて、十五日を経て後、落痂とて、瘡のふた落て愈るを、順症といひて、薬を服するにも及ばず、又夫よりも軽き症は、首尾十二日にて、かせて愈るもあり、逆なる症は、何かと変ずる事多くして、二十余箇日三十日あまりもかかりて愈るもあり、或は死するに至るあり

というように示されている。

疱瘡神の詫び證文の内容

第一類の詫び證文は、そのような疱瘡の症状にあわせながら、大きく五つの箇条にまとめてしるされている。

第一には、

我等共疱瘡神となり、世上一統時行候処、或は大酒給酔、又は軽為致候疱瘡重為致候段、我等心得違、且又笹湯相済候後七拾五日之内、食餌抔相障腹中瀉、一旦仕舞候疱瘡も再発為致、重々不届之段、誤入奉畏候事

というものであって、「私ども五人は、疱瘡神となって、世間のこらずこの病をはやらせておりますが、あるいは大酒を飲んで酔っぱらい、または軽くさせる疱瘡を重くさせたことは、私どもの心得違いであり、かつまた笹湯がすんでから七十五日のうちに、食べものにさわりがあって腹の中のものをくだし、いったんは終りになった疱瘡をふたたび悪くさせたのも、かさねがさねけしからぬことであると、おわびして恐縮しております」というように解される。そこには、かりに疱瘡にかかっても軽くすむように、また笹湯がすんでから悪くならないようにという、願いがこめられていたといえよう。文中の「笹湯」というのは、こどもの疱瘡が治るとともに、湯に酒をまぜて浴びせるというものであって、また米のとぎ汁に酒をまぜて、赤てぬぐいをひたしてぬぐったとも、笹の枝葉をひたしてふりかけたとも伝えられている。しかしながら、そのような笹湯が終って、体中のかさぶたがとれてからも、何らかの症状が残ったりして、なかなか油断ができないものであったというのである。

第二には、

外郎松皮之類は、自今急度相止メ、蜀黍一通ニ仕、富士山之様ニ山を為上可申候事

というものであって、「外郎や松皮のようなものは、これからまちがいなくやめにして、あたりまえの蜀黍くらいに止めておき、富士山のように高く山を上げさせるようにいたします」と解されるであろう。そこには、できるだけ悪性の疱瘡にとりつかれないで、何とか危

険な時期をのりこえたいという願いがこめられていたとみられる。ここに「外郎」とするされたのは、そのかさぶたのかたちが、外郎という薬のようにみえるものである。つぎの「松皮」というのも、かさぶたが重なりあって、松の皮のようにみえるものであって、もっとも悪性の疱瘡であったといってもよい。それに対して、つぎの「蜀黍一通」というのが、ごく順調な症状をさしていたといえよう。俗に「山上げ」と称するのは、膿をもって山のように腫れあがることであって、もっとも危険な時期を過したさまと見なされている。富士山のように山を上げることが望まれたのは、いくつかの詫び證文の末尾に、

疱瘡は軽く駿河の山高くげにみずうみのしるしなるらん

と書きそえられていたことにも示されている。

第三には、

序病ヨリ本膿之内、笹湯相済候迄、種々之溢事、并やく躰も無之戯言、為申間敷候事

というものであるが、「疱瘡の第一期から第二期にかけて、笹湯がすむまでの間には、さまざまなひどいこと、あるいはいい加減なふざけたことは、決して言わせたりいたしません」と解されるようである。それによると、疱瘡の熱にうかされることによって、無意味なうわごとを言わないようにと願ったものではなかろうか。この「序病」と「本膿」というのは、疱瘡の日数を三日ずつ五期に分けると、それぞれ第一期と第二期とにあたるものであって、

さきの『小児必用養育草』の「痘瘡始終日数の説」には、前者が「熱蒸」または「ほとをり」として、後者が「放標」または「出そろひ」としてあげられている。それから、ここに「溢事」というのは、おそらくあぶれ者のしわざであって、すなわち無法なふるまいをさしていたとみられるし、また「やく躰も無之」というのは、いわゆる「益体もない」ことであって、すなわち役にも立たないこと、あるいはしまりがないことをさしていたといえよう。

第四には、

疱瘡乾仕舞不申候内、譬如何様之痒気有之候共、猥ニ掻申間敷候、尤蚤虱ニ被喰候ても、堪忍致可申候。若無拠痒気有之候ハヽ、兎之手ニ而徐々と撫置可申候事

というものであって、「疱瘡が乾いて終りにならない間は、たとえどのようなかゆい感じがしましても、むやみに掻いたりはいたしません。もっとも蚤や虱に食われたりしましても、じっと我慢するようにいたします。もしどうしようもないかゆい感じがする場合には、兎の手でそっと撫でておくようにいたします」と解されるようである。疱瘡の最後の時期にかかってくると、激しいかゆみを訴えるものであるが、むやみにかさぶたをかいたりすると、醜い跡形を残しかねないので、何か柔いもので撫でるだけで、どうにかそのかゆみをまぎらすようにと戒められたのである。実際に、四代将軍家綱が疱瘡にかかって、御三家や諸大名

から兎の足を献上されたことも知られている。
第五には、
貴殿之名前書付之門口ニは、悪敷者共、為覗ても為見申間敷候事
というものであって、「あなたの名前をしるした門口には、疱瘡神のようなわるいやつらに、のぞき見をさせるようなことはいたしません」と解されるであろう。そこでは、疱瘡神のような悪神を近づけないように、「組屋六郎左衛門」という名をしるしておくことが勧められていたといえよう。この「組屋六郎左衛門」だけではなく、「仁賀保金七郎」「鎮西八郎」「釣船清次」などのような、疱瘡神や疫病神との間に、何らかの約束をかわした人の名は、家の門口などに掲げておくと、疫病のわざわいにあわないと信じられたものである。
それらの五箇条につづけて、
右之趣、以来急度相守、勿論仲間之者共迄、逐一ニ為申聞、堅ク相守可申候。自今何方之子供成共、みちやくちゃハ不申及、成人之後邪魔ニ成候様成寄跡出来候ハヽ、何様之御咎メ御仕置被仰付候共、其節一言も申上間敷候
としるされたうえで、「為後日誤證文仍而如件」と結ばれているが、「ここにあげたことは、これからは確かに守りますし、もとより疱瘡神の仲間の者どもにも、こまかに言いきかせておいて、かたく守らせるようにいたします。これからは、どこのこどもであっても、醜い跡

形はいうまでもなく、成人してから邪魔になるような、毒の固まった痕跡ができるようなら
ば、どのようなご叱責やご処分を言いわたされても、そのときには何の異存もございませ
ん」というように、證文の形式をとって約束されたものといえよう。文中の「みちやくちや
ハ」というところは、「身弱之者」とか「道行長者」とか「御嫡子は」とかいうように、さ
まざまな形態をとって伝えられているが、その前後のつながりからみると、正しくは「みち
やくちや」であって、『日葡辞書』に出てくる「ミッチャ」などのように、疱瘡の痕跡すな
わち痘痕をさしたものかと思われる。それに続く「寄跡」の「寄」というのも、腫れものの
毒が固まったものをさしていたといえよう。

疱瘡神の名称と性格

そのような詫び證文の本文に続けて、年月と署名と宛先とがしるされていて、

時人皇六十六代一条院御代　長徳三年酉五月日

丈七尺山伏　黒味筋悪判
廿三才静成男　脚早荷軽判
七十斗乞食姥　松皮搔姫爪判
十七才振袖　赤大粒姫爪判

五十斗唐犬額　邪々寛味判

若狭国小浜組屋六郎左衛門殿

というように読みとれるのである。そこでは、五人の疱瘡神の署名が、いわば戯作の手法を用いながら、すべて疱瘡の症状にあわせてつくられたものといえよう。すなわち、第一の疱瘡神として、背たけの七尺もある山伏で、「黒味筋悪」というのは、痘瘡の黒みを帯びた、性質のよくないものをさしたものであろう。第二の疱瘡神として、二十三歳のおとなしい男で、「脚早荷軽」というのは、疱瘡の軽いものであって、すぐに治ってしまうのになぞらえたものかと思われる。第三の疱瘡神として、七十歳ほどのものごいの老婆で、「松皮掻姫」というのは、さきほどの説明にもふれたように、もっともたちの悪いものであって、かさぶたの重なりあったさまをさしている。また、むやみにかゆいところを掻いたりすると、醜い跡形を残しかねなかったことはくり返すまでもない。第四の疱瘡神として、十七歳の若い娘で、「赤大粒姫」というのは、むしろたちのよいものであって、赤くふくれあがったさまをさすものであろう。第五の疱瘡神については、「五十斗ノウケンヒタイバチビン男」「五十斗鞘額男」「五十斗とらけん額」などというように、実にまちまちな表記をもって出てくるし、その正しい形態はとらえにくいのであるが、とりあえずここでは、栃木県河内郡南河内町の後藤家の文書における、「五十斗唐犬額」という表記に沿って考えてみたい。ここで

「唐犬額」というのは、江戸初期の町奴の額であって、額際の毛をひろく抜きあげて、錐のようにその角をとがらせたものをさしていた。そのような五十歳ほどの町奴風の男で、「邪々寛坐」と称していたのは、「ジャンカ」や「ジャンコ」などと同じように、疱瘡にかかったその跡形をさしたものかと思われる。いずれにしても、ここにあらわれる五人の疱瘡神が、男や女、年寄や若者などをとりまぜて、さまざまなタイプのものから成り立っていたのは注目されるのである。

多様な疫病神の出現

さきに『疫神とその周辺』などにも説いておいたが、そのようなおそろしい疫病をもたらすものは、おおむねさまざまな人間の姿をとって、どこからともなくおとずれてくるように信じられていた。しかも、それらの疫病神の仲間は、ただ一人であらわれるだけではなくて、何人か連れだってあらわれたようである。

たとえば、大朏東華の『齋諧俗談』巻三には、「痘瘡の起」について、

或書に云、推古天皇の三十四年、日本国に米穀実らず、故に三韓より米粟百七十艘を朝貢す。其船、浪華に着く。しかるに、其船の中に、三人の少人ありて、疱瘡を病。一人には老人附添、一人には婦人附添、一人には僧附添て居る。何国の人と云事を知らず。

国民、その名を問ば、添居もの答て云、我々は疫神なり、疱瘡といふ病を司る、我等も元は、この病に因て死して、疫神の徒となる、今この三人に付て、此土に渡る、いたましいかな、今よりして此国の人もまた、この病を患む、我等は畠芋を好む、吾を祠るに、畠芋を用ひよと云て形没す。この歳、国民はじめて疱瘡を憂ふと云

としるされている。ここに疫神と称するものは、老人と婦人と僧というように、三人づれであらわれたというのである。

つぎに、松浦静山の『甲子夜話』続編巻八十に、肥前国の佐賀の近辺では、疱瘡の難を免れるために、家ごとに竹の杖を立てて、その先に小さな足半をさしておいたというが、そのならわしのいわれとして

此病には神あり。少童《わかしご》、好女《をなご》、老嫗《うば》、数種あり。此中、少童、好女来ることあれば、其やまひかろし。嫗来れば、痘至て重し。因て、予これを設る時は、嫗来り杖履を視て、爺夫《じいどの》はや来り居給ふと曰て、還て戸に入らず、すれば難を免るなり

としるされている。疱瘡神の詫び證文の中で、「丈七尺山伏」の「黒味筋悪」とか、「七十斗乞食姥」の「松皮掻姫」とかいう名が、それぞれたちの悪い疱瘡を示しており、「廿三才静成男」の「脚早荷軽」とか、「十七才振袖」の「赤大粒姫」とかいう名が、それぞれたちのよい疱瘡を示しているのは、どうやらこの『甲子夜話』の記事とも一致するようである。

さらに、『民具マンスリー』の二十七巻八号に掲げられた、時枝務氏の「七人の疱瘡神―『疱瘡神七社名号』の紹介―」などに引かれたように、群馬県山田郡大間々町浅原における、修験の満光院の小林家に伝えられた、『疱瘡神等供養法覚』という文書には、特に「疱瘡神七社名号」という項目がもうけられている。そこでは、「魁神」が「婦人之容」をとり、「石神」が「老夫之容」をとり、「寛神」が「小児之容」をとり、「刑神」が「老婦之容」をとり、「早神」が「僧山伏盲人之容」をとり、「役神」が「小婦人之容」をとり、「兵神」が「壮勢男児之容」をとるというように、七人の疱瘡神の名称と形態とがあげられるとともに、それぞれの祭日や病気の症状について示されていたが、やはりこれに関する検討の資料に加えられるであろう。

組屋六郎左衛門の疱瘡神

ところで、同じ詫び證文の宛先にあたる、「若狭国小浜」の「組屋六郎左衛門」というのは、この港町の随一の豪商として知られたものであった。しかも、その家の疱瘡神のいわれについては、宝暦年間の木崎惕窓の『拾椎雑話』の巻十二における、「寺社」の第三十三に、

組屋六郎左衛門家に伝り候疱瘡の神の事は、永禄年中に組屋手船北国より上りし時、老人便船いたし来り、六郎左衛門方に着。しばらく止宿にて発足の時、我は疱瘡神也、此

度の恩謝に組屋六郎左衛門とだに聞は疱瘡安く守るべしとちかひて去ぬ。六郎左衛門其時の姿模様を画にうつし留めし也。今有所の物かくの如し。寛延年中京大坂にて開帳あり

図2　組屋六郎左衛門の守り札

という記事を認めることができる。すでに『西郊民俗』百三十九号に、「組屋の『疱瘡守略縁起』」と題して紹介しておいたが、福井県の小浜市立図書館には、これとほぼ同じようにしるされた『疱瘡神略縁起』とともに、組屋の家に伝えられた「疱瘡神御影」というものが所蔵されている（図2）。第二次大戦の直後まで、小浜の市中の老人は、その家のこどもが疱瘡にかかっても、あるいは種痘をすませても、この疱瘡神の守り札を受けていったそうである。その後の昭和四十二年には、この家の子孫にあたる人々が、小浜から福井に移っていったので、ついにそのならわしもやんでしまったということであった。そういうわけで、問題の疱瘡神の詫び証文というのは、男女あわせて五人の疱瘡神が、若狭小浜の組屋六郎左衛門にむかって、むやみに重い疱

瘡にかからせないように、あるいはまた醜い跡形を残さないようにと誓うとともに、決してその名のしるされた家に入らないと誓ったものであるといえよう。

湯尾峠の孫嫡子の守り札

それだけではなくて、同じタイプの詫び證文の中には、この宛先よりも後の方に、「疱瘡神御宿　越前国南条郡湯尾峠御孫嫡子也」としるされていた。それについては、私も旧著の『疫神とその周辺』で、「湯尾峠の孫嫡子」と題して説明しておいたが、さらに『福井県立博物館紀要』の一号では、杉原丈夫氏が「湯尾峠孫嫡子考」と題して論じられており、江戸時代の湯尾峠の茶屋では、孫嫡子という疱瘡よけの守り札を出したことが知られている。実際に芭蕉や西鶴や近松なども、それぞれにこの孫嫡子のことを取りあげていた。

もともとこの湯尾峠というのは、北陸街道の難所にあたるところであって、その頂には四軒の茶屋が並んでおり、いくらか離れて孫嫡子の社もまつられていた。明治三十年の前後からは、北陸線の開通にともなって、この峠の往来も絶えてしまったが、四軒の茶屋の人々は、その麓の今庄と湯尾とに移りすんで、孫嫡子の社の方も、その登り口の湯尾神社にあわせまつられるに至った。

現に福井県南条郡今庄町湯尾では、おも屋という茶屋の子孫の末口家に、いくらか孫嫡子

図3　湯尾峠の孫嫡子の守り札

に関する資料があって、「湯尾峠孫嫡子」の守り札の版木とともに、『越前国南条郡湯尾峠御孫嫡子略縁起』の版木も残されていた（図3）。この略縁起の本文を読んでみると、

抑疱瘡御守札の由来を尋たてまつるに、人王六十六代一条院の御宇長徳四年戊戌の六月八日に、何人共相しれず此所休給ふ時、又跡ゟ一人参られ、其御方は何国の人と相尋られしに、我は疱瘡の神にて、諸国を廻り一切の人に疱瘡を煩せし者との給ふ。然ハ我ハ是安倍の晴明と申て、疱瘡麻疹に痛む者多きゆへ、其病苦を加持し悩せまじと侍者也と。仍而論議に及びける時に、疱瘡神の給けるは、是は諸人の厄として煩せし事なれハ、只今其證を顕すべしと、則茶屋に幼少の娘有りけるを、俄にほとおり病付、其儘大熱に成けれバ、母親大キに驚き、只今の御諍故ケ様に煩はんべれバ、御両人共放し申まじと云ける時ニ、疱瘡神の給ふハ、縦苦しみ多く共、命に別状あらねば歎き申ましとの

給ひ、夫ゟ四時の間に疱瘡出、四時の間に貫膿に成、同時に収靨終バ、晴明も、今は我力に及ハし、此上ハ諸人の疱瘡軽き様に守らせよと有は、然バ段々造作苦労致させけれハ、此所に守札置し申さん、末代迄諸国へ申弘め、此御守所持の家へハ孫嫡子迄疱瘡軽からんとの給へバ、晴明も、供に守べしと、則御札の裾に封印を加へ給ふと申伝ものならし

というものであった。それによると、一条院の長徳四年六月八日に、この湯尾峠の茶屋で、疱瘡神と安倍晴明とが出あって、疱瘡の病について論じあったが、疱瘡神のはからいで、「これは多くの人々の厄として悩ませたことなので、今ここにその証拠を見せてあげましょう」といって、ただちに茶屋の娘を苦しませてみせたので、安倍晴明の方では、「もう私の力ではかないません。これからは、多くの人々の疱瘡が軽くてすむように守ってください」といって、すっかり疱瘡神の力に恐れいってしまった。そこで、疱瘡神が一枚の守り札を残して、「このお守りをもっている家では、孫嫡子まで疱瘡が軽くてすむでしょう」と告げると、晴明もその脇に封印を加えて、「いっしょに守りましょう」と誓ったというのである。かつて、この峠の四軒の茶屋からは、いずれも同じ縁起の刷り物を添えて、それぞれに疱瘡よけの守り札を出していたとみられる。そのために、湯尾峠の孫嫡子という名は、きわめてひろい範囲にゆきわたって、疱瘡神の詫び證文にも取りいれられたといえよう。

さきの一覧表の事例の中には、『八景聞取法問』の記事のように、この孫嫡子という名目がしるされていないものもある。それによっても、はじめに詫び證文の本文だけができあがり、あとから孫嫡子の記事がとり添えられたことが考えられないわけではない。ただすくなくとも、詫び證文の「長徳四年戊六月」とか「長徳三年酉五月」とかいうのが、略縁起の「長徳四年戊戌六月八日」から導かれたことは疑いないであろう。それにしても、組屋六郎左衛門あての詫び状と、湯尾峠孫嫡子という神の名と、二つの異なるものが組みあわされて、かなりひろい範囲に伝えられたことは認めなければならない。それらの疱瘡神の信仰は、ともに北陸の若狭や越前からおこったものであるが、いずれも東国の各地にもたらされることによって、いっそう多くの人々の支持を受けたものとみられる。

疱瘡除けの呪歌の伝承

そのほかに、この疱瘡神の詫び證文には、「疱瘡符歌」という名をもって、四首のまじない歌が取りいれられている。その一首めの歌は、

神国の神の子孫の家なれは悪魔外道も寄に寄られず

というもので、「神の国の神の子孫の家なので、教えに背く悪魔や外道は近づこうとしても近づけない」と解される。二首めの歌は、

千早振神の教の関の戸の透間の風も内に入まし

というもので、「すぐれた神の教えによる関の戸がきびしくて、透間を通る風もその内に入れるはずはない」と解される。三首めの歌は、

昔より約束なれはいもはしか病とも死さし神垣の内

というもので、「昔から約束をかわしているので、神のめぐみを受けて、疱瘡や麻疹にかかっても死ぬはずはない」と解される。四首めの歌は、

みとり子を洩さて包苔衣巌の帯をしめて長生

というもので、「いとけないこどもをのこさず苔の衣に包んで巌の帯を締めると、その子が長生きをすることはまちがいない」と解されるのである。

いずれも通じやすいものばかりであるが、もともと組屋の疱瘡神にともなうものか、または湯尾峠の孫嫡子にともなうものか、またそれ以外の信仰にもとづくものか、かならずしもあきらかには決められない。その三首めにあたる歌だけが、『呪詛調法記』の「痘《はしか》まじないの事」には、「札に書て戸におせ」という注記とともに、

むかしよりやくそくなれハいもはしか病とハしらず神がきのうち

という形で出てくるし、『陰陽師調法記』の「痘瘡の神まつる秘事」にも、「三べんよみてよし」という注記とともに、

むかしよりやくそくなればいもはしかをやむとも死なじ神がきの内

という形で出てくるが、それぞれの歌の出所については、いっそうこまかな調査を要するようである。

疱瘡神の詫び證文の実態

さきの一覧表の五十四例の中には、この疱瘡神の詫び證文という文書が、実際にどのようにつくられて、またどのように用いられたのかということについて、何らかの示唆を与えるようなことがしるされたものも認められる。すなわち、茨城県岩井市桐木の逆井家の文書には、

但シ、わるへ痘瘡はやるとき、中しきりのかもい、此書付はり置よし、此書付うつしあり

とつけ加えられているし、はじめの宇都宮市岩原町の高橋家の文書には、

此書付をふうじニ致シ貼置候得ハ、ほうそうかるくてき申候。尤疱瘡流行候節はりおき候而よし

とつけ加えられている。それによると、悪い疱瘡の流行にあたって、恐しい疱瘡神が入ってこないようにと、それぞれの家の鴨居などに、この詫び證文が貼られていたことがうかがわ

れる。

しかも、このあとの方の文書には、「市之進当申二才」と書きこまれていたが、それだけではなく、同じ家の別の資料では、「酒造之助当未七才」「はく当未三才」と書きこまれたものも知られており、それぞれ誰かきまった子のために、この詫び證文がつくられていたものと認められるのである。栃木県今市市嘉多蔵の手塚家の文書に、「親類」と書きそえられ、同市平ヶ崎の沼尾家の文書に、「親類阿久津文吉」と書きそえられたのも、まったく同じような意味をもつものであったといえよう。栃木県鹿沼市磯町の金子家の文書は、久野俊彦氏が調べられたように、そのような詫び證文の型にあたるものであって、宛先の「若狭国小浜紺屋六左衛門殿」に続けて、「親類誰々　何才男子」と書きこむように示されている。栃木県芳賀郡益子町益子の大久保家の文書には、「疱瘡重く為致候　ともい　巳二才娘」という袖書とともに、また「友二才娘」という末尾の記名をもそなえており、その製作の事情につ いてうかがうことができる。神奈川県相模原市三ヶ木の円光院の文書でも、宛先の「紺屋六右衛門殿」に続けて、「親類八右衛門殿　男子栄太郎殿」としるされているのは、若狭の組屋の親類として、それぞれの家の子を守ってもらうことが望まれていたと思われる。

それらの詫び證文の所蔵者には、それぞれの地域の旧家が多かったようであるが、いくらか特別な事例として、栃木県鹿沼市磯町の金子氏は、ひさしく磯部社の神官をつとめていたということで、おそらくは久野氏が説かれたように、人々の疱瘡よけの願いにこたえて、さきのような文書の型にもとづく、疱瘡神の詫び證文を出していたものかと考えられる。また、神奈川県相模原市三ヶ木の事例では、その文書の包み紙に「円光院」としるされていたが、『新編武蔵風土記稿』に「円通院」としるされたものにあたるとすれば、それは本山派の修験に属するものであったとみられる。そこには、ほとんど同じ文面の二つの詫び證文が残されており、いずれも「親類八右衛門殿　男子栄太郎殿」あてにしるされているが、やはり疱瘡よけの呪符の型として伝えられたものではないかと思われる。いずれにしても、それぞれの地域の旧家の中には、やはりその周辺の人々の望みに応じて、同じような疱瘡神の詫び證文を出していたことがなかったとはいえない。

仁賀保金七郎あての詫び證文

つぎには、この第一類の詫び證文とくらべながら、第二類および第三類の文書についても、できるだけ簡潔にふれておきたい。

第二類の詫び證文というのは、疫病神の両名から仁賀保金七郎あてにしるされたものである。これに関する重要な記録として、天明六年の自序をもつ小林渓舎の『竹抓子』巻二には、「疫病神の事」という記事が収められ、天保十五年の自序をもつ梅之舎主人の『梅の塵』

には、「疫病神一札の事」という記事が収められている。とりあえず、『竹抓子』の記事だけを引くと、

愛宕下田村小路仁賀保大膳との屋敷へ、疫神入候を、次男金七郎見咎められ、右様な者我か方へ何しに入そ、打ころさんとていかりけれは、疫神何卒一命を助け被下と云まま、左候ハハ書付にても差出へしとて、

差出申一札の事

私共両人、心得違を以、御屋敷江入込、段々、被仰出候趣、奉恐入候。以来、御屋敷内、并金七郎様御名前有之候処江、決而、入込間敷候。私共は申不及、仲ヶ間之者共迄も、右之趣申聞、依而、一命御助被下、難有仕合奉存候。為念一札如件

文政三辰年九月廿二日　　疫病神

仁賀保金七郎様

というものである。『梅の塵』の方にも、ほぼ同じようなことがしるされているが、いずれにしても、仁賀保金七郎という武士が、二人組の疫病神をつかまえて、その命を助けてやるかわりに、詫び證文を書かせたというのである。その詫び證文の文面は、「私ども二人が、心得違いでお屋敷に入りこんだことについて、いろいろと仰せくださったことに恐縮いたしております。これからは、お屋敷の内だけではなく、金七郎様のお名前のしるされたところ

には、決して入りこむことはいたしません。私どもは申すまでもなく、仲間の者どもにも、そのように申しきかせます。そういうわけで、一命をお助けくださったことを、ありがたいしあわせと存じております」と解されるものであった。

さきの一覧表でも知られるように、この第二類の詫び證文は、茨城、栃木、群馬、埼玉、東京、神奈川の諸都県に伝えられているが、『竹抓子』や『梅の塵』の事例とくらべても、それほど極端な異同を示しているわけではない。しかも、それらの二書の記事と同じように、おおかたは文政二年という紀年をともなっているが、神奈川県平塚市の飯田家の文書に、「天保五年甲午六月廿五日」としるされているように、実際には文政三年以降に書きうつされていたとみられるのである。

その宛先の仁賀保金七郎というのは、さきの『竹抓子』の記事によると、仁賀保大膳の次男であるというが、いったいどのような人物であったのか、かならずしもあきらかにはわかっていない。出羽国の仁賀保氏というと、戦国時代には由利十二頭の旗頭として知られ、江戸時代には仁賀保の藩主として知られる家筋であった。ただし、初代藩主の挙誠の死後には、次男の誠政の系統と三男の誠次の系統とにわかれて、それぞれ所領二千石の旗本と所領千石の旗本として伝えられている。仁賀保の千石家の系譜をたどると、金七郎の父の大膳は、その五代めの誠善《しげよし》にあたるものとみられるが、肝心の金七郎については、ほとんど何も知られていない。わずかに、秋田県の仁賀保町教育委員会から寄せられた、仁賀保千石家の系図の写真に、「誠善七男景善　遠山金七郎」として掲げられており、「文政七甲午年三月廿一日　遠山兵庫景久養子　暁明院殿日照居士　文政八乙酉年三月廿三日　牛込円福寺」とるされていたのである。そこで、とりあえず神楽坂の円福寺をたずねてみると、たしかに同寺の過去帳の中に、この金七郎にあたる人物として、「文政八乙酉年三月二十三日　境明院常観日照居士　遠山氏」というものが出てくるが、この遠山氏の血統は絶えてしまっており、それよりこまかなことはわからなかった。

武家と疫病除けの呪符

江戸時代の武家の中には、疫病よけの呪符を出すものが、この仁賀保家のほかにもなかったわけではない。拙著の『疫神とその周辺』にもあげたように、東随舎の『古今雑談思出草紙』巻四にも、十方庵の『遊歴雑記』五編巻中にも、江戸巣鴨の国府津安平の家では、疱瘡の神を泊めてやったことによって、疱瘡よけの呪物を出していたことがしるされている。また、関西外国語大学民俗学談話会の『ニューズレター』九号には、拙論の「『籟簫乙』という呪符」を掲げて示しておいたし、群馬大学の落合延孝氏の『猫絵の殿様』にもくわしく取りあげているが、上州の岩松氏の家では、養蚕守護の猫絵、狐憑き封じの草履などとともにに、「簸箭乙」という疱瘡よけの呪符を出していたというのである。仁賀保氏という武家を中心に、疫病神の詫び證文を伝えてきたことも、それらの類例とあわせて位置づけられるのではなかろうか。

それだけではなく、第二類の文書の所蔵者の中にも、東京都国分寺市光町の川島家のように、まったく同じ文面の文書を、あわせて三通ももち伝えたものがあって、やはりそれぞれのこどもにあててしるしたものかと思われる。この疫病神の詫び證文が、国分寺市の民俗文化財に指定されているのも、きわめてめずらしいケースとして注目されるであろう。また、東京都あきる野市乙津軍道の鈴木家というのは、世襲の神官の家筋にあたるものであって、修験の関係の呪符をもち伝えているが、このような詫び證文の流布にもあずかったものといえるであろう。

鎮西八郎あての詫び證文

第三類の詫び證文として、疱瘡神から鎮西八郎為朝にあてたものも、ごくわずかながら知られている。たまたま大修館書店から、『日本の神仏の辞典』という書物を出したので、『国語教育』の七十四号に、この辞典の宣伝をかねて、「八郎為朝の信仰」というのを書かせていただいた。そこにもいくらかはふれておいたが、栃木県鹿沼市草久の石原家には、この鎮

西八郎あての詫び證文が伝えられており

謹奉呈一札之事

私一族等、八丈嶋へ渡海仕欲上陸而、早くも遮御眼、既ニ落命にも可及之処、格別之以御仁恵助命被成候段、生々世々忘却仕事不可有。為御恩報、於八丈嶋者永不可使疱瘡流行、且住他国人之仕事有之共、此一札を枕辺ニ張置給者、決而拘一命事不可有。為後證如件

年月日　　　疱瘡神

鎮西八郎殿

としるされていた。この詫び證文の文面は、「私ども疱瘡神の一族は、八丈島へ海を渡って上陸しようとしたとたんに、さっそく御目をさえぎって、とっくに命を失うはずのところが、お情をもって命を助けてくださったことについては、いつの世までも忘れることはありません。ご恩に報いるために、八丈島では永久に疱瘡をはやらせることはいたしませんし、またよその国の人が疱瘡にかかっても、この一札を枕もとに貼っておかれるならば、けっして一命にかかわることはいたしません」と解されるものである。そのように、疱瘡神のはからいとして、八丈島では疱瘡をはやらせることはなく、この一札を貼っておけば、一命をそこなうこともないと誓ったことが示されている。そのほかに、栃木県鹿沼市下南摩の阿久津

家と、神奈川県藤沢市鵠沼の長野家とに伝えられたものには、いっそうこまかに両者の交渉についてしるされている。

八郎大明神の信仰

いずれにしても、この鎮西八郎為朝という武者が、源氏の一門に属する、巨大で強力な英雄であったことはいうまでもない。『保元物語』の金刀比羅本の系統では、為朝が保元の乱に敗れて伊豆大島に流されたことで終っているが、同書の半井本や流布本では、さらに鬼が島に渡って最期をとげたように語られている。現に東京都下の伊豆諸島には、これに関する信仰や伝説が、すくなからず伝えられており、東京都島嶼町村一部事務組合の『伊豆諸島・小笠原諸島民俗誌』には、久野俊彦氏が「為朝伝説の生成と成長」と題して、きわめて要領よくまとめておられる。特に八丈小島の宇津木には、昭和四十四年の住民の離島まで、八郎大明神とか為朝神社とかいう神社がまつられてきたことは、これまで多くの人々の関心を集めてきた。この八郎大明神の神体は、慶長七年の鋳造になる、銅製の為朝の神影であったが、正徳元年に江戸城に迎えられて、ひき続き江戸市中にとどめられたものとみられる。その神体の開帳は、正徳二年に浅草の自性院でおこなわれてから、天明五年に両国の回向院で、文化十二年に深川の永代寺で、嘉永四年に同じ回向院でというように、疱瘡の流行のたびにくり返されたようである。それにともなって、この八郎大明神の信仰は、江戸の市中を中心に、かなりひろい範囲にゆきわたったといってもよい。

日本医学史学会編の『図録日本医事文化史料集成』巻四、H・O・ローテルムンド氏の『疱瘡神―江戸時代の病いをめぐる民間信仰の研究―』、町田市立博物館編の『錦絵に見る病と祈り―疱瘡・麻疹・虎列刺―』などにも示されているが、疱瘡除けのまじないに用いられた、いわゆる疱瘡絵のたぐいには、「八郎大明神」や「為朝大明神」などの名とともに、同じような為朝の姿を描いたものが、きわめて多く残されている。しかも、それらの疱瘡絵の中には、鎧をつけて弓をもつ武者の姿を描いたもののほかに、着流しで証文をよむ力士風の姿を描いたものもまじっている。しかも、この力士風の為朝像には、「八丈嶋の鎮守正一位為朝大明神来由」とあって、

鎮西八郎為朝公ハ六条判官為義公の八男にして、武勇絶倫、怪力無双、強弓名誉の勇将也。此君不運にして流罪に逢玉ひし時、大嶋より八丈へ押渡り島人等を撫育し玉ひしかバ、尊敬すること大方不成。或日浜辺に壱人の翁漂着し、島人に向て申さく、我ハもかさを護る神也、汝等早く赤の飯神酒等の供物を捧げ宜しく我を信ぜよと言。島人聞て驚騒くを為朝早くも聞召、此所に出来玉ひ疱瘡神を叱りこらし、汝ハ世人を苦しましむる邪神にて有けるか、我かくて有からハ此島あらん限り此地の土を不可踏、亦我性名を印

したる家へも入ことなかれ、この二ヶ条を守らずバ目に物見せんと怒り玉へば、疱瘡神ハ恐れおのゝき、免し玉へ、仰の趣決して背き申まじとて、一通の證書に手判を押て参らせけるとぞ。斯て後今の世に至迄彼嶋に此病患なく、又この神に疱瘡の願をかけぬればバ、皆軽〳〵と平癒なすとぞ。いとも賢こき神徳也

とかきそえられている。そのように、為朝が疱瘡神を叱りつけて八丈島から立ち去らせたことは、そのほかの疱瘡絵にもかき添えられており、滝沢馬琴の『椿説弓張月』後篇巻二にもとり入れられている。それに加えて、為朝が疱瘡神をあやまらせて詫び證文をしたためさせたことは、そのほかの疱瘡絵にはみられないのであるが、そのような詫び證文のかたちでも伝えられていたのは注目されるであろう。

疫神の詫び證文の位置づけ

ここにあげた三つのグループの資料をくらべながら、疫神の詫び證文の流伝の過程についてまとめてみると、第一類の組屋六郎左衛門にあてたものは、おおむね宝暦年間から幕末まで、茨城県、栃木県、群馬県という関東北部を中心に、埼玉県、千葉県、神奈川県という関東南部にかけて、かなりひろい範囲にゆきわたったものとみられる。第二類の仁賀保金七郎にあてたものは、おおよそ文政年間から幕末まで、当時の江戸の市中を拠点に、茨城県、栃

木県、群馬県という関東北部よりも、埼玉県、東京都、神奈川県という関東南部の諸都県に、いっそう濃密にもち伝えられたものといえよう。第三類の鎮西八郎為朝にあてたものは、おそらくは正徳年間から幕末まで、当時の江戸の市中を拠点に、おもに疱瘡絵などの形態でおこなわれたものが、栃木県、神奈川県という関東の一部には、たまたま詫び證文の形式でも残されたものではなかろうか。

これまでの民俗学の調査によると、それらの詫び證文の宛先にあたる、組屋六郎左衛門や仁賀保金七郎や鎮西八郎為朝だけではなくて、佐々良三八や釣船清次や蒲野文右衛門などというような、さまざまなタイプに属する人物が、それぞれ

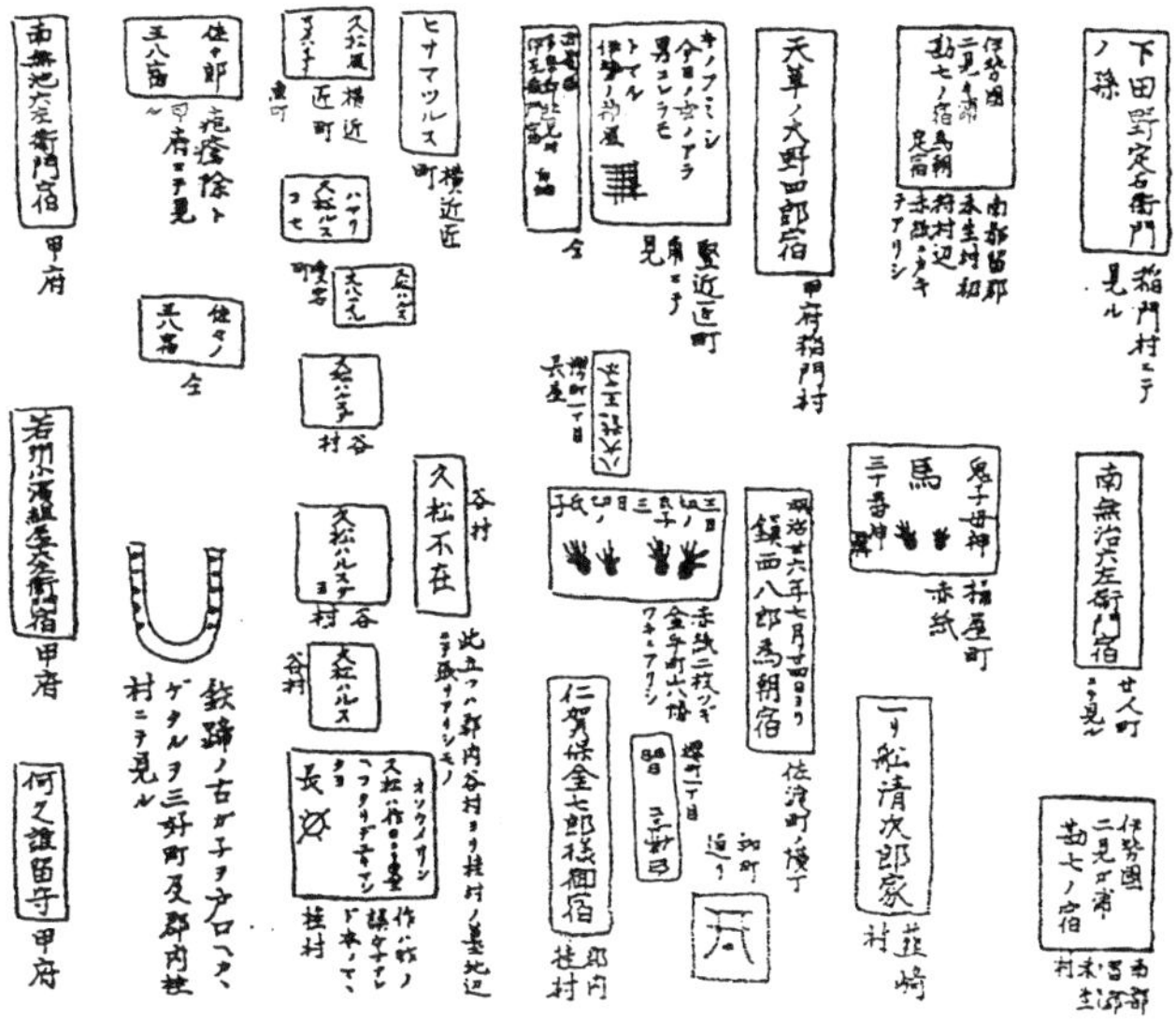

図4　山梨県の門守り（『甲斐の落葉』より）

疱瘡神や疫病神に対して、懲戒を加えまた恩恵を与えたと伝えられており、そのような人物の名を掲げておくと、疱瘡や疫病の難を免れると信じられていた。たとえば、山中共古氏の『甲斐の落葉』には、山梨県内の門守りの例として、「下田野定右衛門ノ孫」「南無治六左衛門宿」「伊勢国二見ガ浦勘七ノ宿」「一リ船清次郎家」「天草ノ大野四郎宿」「鎮西八郎為朝宿」「武蔵国多摩郡北見村伊左衛門宿」「仁賀保金七郎様御宿」「佐々郎三八宿」「若州小浜組屋六左衛門宿」などとともに、「久松ルス」「久松不在」などというものも掲げられており、特に「久松ルス」や「久松不在」については、

明治廿四年ノ二月、インフルヱンザア大流行セリ。此風発熱ノ為ニ、体ヘ赤色ノ斑紋ヲ出スユヘ、ヲソメ風邪ト云ヘリ。染ルトノ意ナランカ。オ染トイヘルヨリ、オソメノ情人久松ヲシタヒ来ルトノカンガヘヨリ、久松留守ナレバ、オソメ風モ入リコマヌト思ヒテ、戸口ヘ久松留守ト書キテ張リタル家多クアリタリ

と説明されているのが注目される（図4）。そこには、組屋六郎左衛門や仁賀保金七郎や鎮西八郎為朝の名もあげられているが、そのほかのすべての人物について、かならずしもあきらかに知られるわけではない。さしあたり、この『甲斐の落葉』の事例をながめただけでも、さきにあげた疫神の詫び證文というのが、そのような疫病よけの呪符と通ずるものであることが認められるであろう。ただそれだけではなく、それらの雑多な資料によって、疫病

の流行がくり返されるたびに、いっそう威力ある呪符が求められていったさまがうかがわれるのである。

おわりに

たまたま平成十三年の八月に、実地にあたって調べてみたのであるが、静岡県三島市青木の御嶽神社というのは、明治八年に地元の六社を合祀したものであり、特にその一社の八郎社というのは、鎮西八郎為朝という英雄をまつったものであって、疱瘡から守ってもらうように祈る神として知られていたということである。現にこの御嶽神社には、為朝像の神札の版木が伝えられているが、鎧をつけて弓をもつ武者の姿が刻まれており、「正一位為朝大明神」「慶長七壬寅八月吉日」「豆州君澤郡青木村」という文字が添えられている。昭和の初年までは、地元の氏子だけではなく、沼津市の海岸部などのような、その周辺の地域からも、この為朝像のお札を受けにくるものがすくなくなかった。疱瘡が治ったり種痘がついたりすると、桟俵に赤飯や団子などをのせて、境内の木の枝に下げていった。また、為朝像のお札とともに、奉納の弓矢を受けていって、願のかなったお礼には、これを二倍にして返したものであるという。今日でも、六月および十一月のほかは、それぞれの月の八日ごとに、地元の年輩の婦人によって、八郎さんのおこもりがおこなわれており、みなで御嶽神社の社殿に集まって、太鼓をたたいてお題目をあげるならわしが守られていることもわかった。

さいわいなことに、戦後の日本では、疱瘡という疫病そのものは、まったく消えさってしまったのであるが、各地の民俗を通じて、疱瘡神とかかわる伝承だけが、ねづよくもち伝えられていたことで、改めて日本人の心の奥底にふれたように思われるのである。

（原題「疫病神の伝承」『国語教育と研究』四十一号）

咳の姥神

向島弘福寺の爺媼尊

関東の各都県から山梨・静岡の両県にわたって、咳の病に苦しむ人々のために、咳止めの願をかなえてくれるというものがあって、たいがいは年とった女の神のように考えられている。現に沼津の市内でも、ガイキノオバアサンとか、ギャアキノオバアサンとか、ガイキバアサンとか、ギャアキバアサンとかいって、いくつかの事例が知られるのである。ここでは、周辺の各地の類例とくらべながら、そのような「咳の姥神」の位置づけを試みておきたい。

はじめに、東京の顕著な事例をあげてみると、墨田区向島五丁目の弘福寺は、関東地方の黄檗道場の首座を占めるもので、当宗独特の唐風建築の威容を誇っている。もともと稲葉家の菩提寺であって、春日局の木像などを伝えるだけではなく、隅田川の七福神に数えられる、布袋尊の霊場としても知られているが、また境内の一隅にまつられる、爺婆の石像によっても注目されるのである。

この爺の像というのは、一メートルほどの高さで、まともに正面にむかって、むつかしそうな顔つきでかまえており、また婆の像の方は、それよりも小ぶりのもので、いくらか左手にむかって、ひかえめなまなざしを送っている。いずれにしても、そのような爺婆の像が、小さな石の祠の中に、二つ並んですえられている。

今日では、咳の病に苦しむ人々が、かなりひろい範囲から集ってきて、この二体の像を拝んでは、煎豆や菓子などをあげてゆく。そこで、弘福寺の寺務所の方でも、それらの参詣の人々のために、「爺媼尊　病魔除御守護」のお札とともに、「せき止飴」というものまでわけているが、かならずしも古くからのならわしであるとはいえない。

それについて、昭和三年刊行の山中笑氏の『共古随筆』では、「土俗談語」の「本所牛島弘福寺下の病の祈願」の項に、
近年此の老人夫婦の石像へ下駄履物を納め腰以下の祈願を致す者多く、門番の老婦の話に三四年前のことなりしが、或る朝早く一人の女来りていふには、私は腰の病にて立歩き出来ず居りたるが、一夜夢に老婆顕れ、私のはき物を買ふて呉れお前の病をなおしてやらんと告ありしゆへ、御約束致したるに、直に腰立たれば、かく早朝下駄を納めに御礼参りに来りしと。これより誰いふとなくはきものを納め、祈願するもの多しと話せり

としるされている。

それによると、戦前のある時期には、この爺婆の像にむかって、むしろ下の病の平癒を祈ったようであるが、さまざまな記録によって、それ以前の段階では、同じ爺婆の像に参って、やはり咳止めの願をかけたこともわかっている。それだけではなく、この爺婆の像そのものは、明治維新の後に、築地の稲葉家の下屋敷から納められたと認められ、さらに江戸時代の初めに、相模の風外の草庵から移されたとも伝えられるのである。

文化十一年刊行の万寿亭正二の『江戸神仏願懸重宝記』には、「石《いし》の婆《ば》々《ば》様小児百日咳《さまこどものひやくにちせき》のくわん」と題して、

木挽町《こびきてう》つきぢ稲葉侯《いなばこう》の御やしきに、年古《ふる》き石にて老婆《ろうば》のかたちを作《つく》りなしたる石像《せきぞう》あり。諸人たんせきのうれひをのがれんことをぐわんがけするに、すみやかに治《じ》する。願《ぐわん》ほどきには、豆《まめ》をいりて供《くう》ずるなり。小児《しやうに》百日ぜきすべて嗽《せき》になやむ人これを信《しん》ずること、往古《むかし》よりの事なりとぞ。諸人是を石《いし》の婆々《ばゞ》さまと称《しやう》ず

としるされている。そこでは、婆の像だけしかあげられていないが、咳の病について願かけをおこなって、その願ほどきに煎豆を供えたさまがうかがわれる。

さらに、文政年間の十方庵の『遊歴雑記』の記事で、五編巻中第八の「稲葉家咳の願爺嫗の石碑」には、

武城筑地稲葉対馬守中やしきは、西本願寺の川向にあり。当やしきにもろ人の咳の病を救ふ爺《ヂヽ》嫗《バヽ》の石像ありて、一切の咳に悩む者、彼石像に頓首し咳を治し呉候へとたのみ、癒《ナヲリ》て後、米と豆と餅霰《モチアラレ》との三つを合せし煎物を願ほどきに供ずる事なり。人の信にもよるべけれども、詣て願かけ頼し人癒らずといふ事なしといひ伝ふ

と書きはじめられたうえで、いっそうこまかに実地の見聞にもとづいてしるされている。

それによると、通用門から一町ほどの稲荷の社内に、嫗《バヽ》の石像がおかれており、

顔少し左の方へ曲て蹲踞《ウヅクマリ》し様也。但し、綿帽子様のものを深くかふり、両

東京都墨田区向島弘福寺の咳の爺婆

手を袖の内にして膝の上に置し形と見ゆれど、いかにも石古く藩中の児輩常に手して撫るにや、つやつやとして衣類と覚しき筋のみ見ゆ。顔面口元も柔和に眉毛なく耳はかふりもの丶内に隠れし様也。恰達摩《ダルマ》の柔和なるものにて丈弐尺ばかり、石の宝殿の如きもの丶中に入たり

というようにうつされている。そして、そこから一町ほどの観音堂の境内には、爺の石像がおかれており、

丈三尺ばかり、雨覆《アマヲイ》なく四角の石の上に居《スエ》たり。嫗と同じく被物《カブリモノ》して立膝し両手を袖の内に蔵して膝の上に置蹲踞《ツイバイ》たる様也。顔面は優からず口をむすび皺面作りて、嫗の石像より一倍大きし。石の性は同物にて古く手摺て見ゆ

というようにうつされるのである。

それとともに、二つの像の関係については、

此嫗の石像爺と中あしく睦じからねば、一処に居ずして別れ別れに成て住と巷談す

とも、また、

伝えいふ、最初嫗の像へ頓首して咳の病ひ癒呉候へとたのみて、直に爺の像へ作礼《ヌカヅキ》て口上申すべきは、嫗どのへ咳の煩ひ癒し呉給へとたのみ候へども、嫗殿の手際覚束なし、何卒咳止候やうにひとへに頼むと願かける事也。かくの如すれば日あらずして癒也。是

爺姥中悪きの証なりと巷談す

ともつけ加えられている。それによると、いちおうは爺婆の像といいながら、爺よりも婆の方を中心に、咳止めの願をかけていたのではないかと思われる。

天保七年刊行の斎藤月岑の『江戸名所図会』巻一では、築地の稲葉侯別荘の「江風山月楼」の項に、この「咳逆《せき》の《の》者嫗《じじばば》」のことにふれて、

伝へ云ふ、この耆嫗の石像を一双竝べ置く時は。必ず耆の石像倒るゝ事ありとぞ。依つて耆の石像は稲葉侯累代の牌堂に遷し、嫗の石像は稲荷の社前に置くとなり。又耆の石像は口中に病あるもの寄願し、嫗の石像は咳を悩むもの寄願するに必ず霊験ありといへり

としるされているが、そのような爺婆の実態にさきだって、それらの石像の由来にもふれられているのは注目される。

その由来に関する記事とは、

稲葉侯の始祖、小田原にありし時、その辺りを巡見せられしに、とある深山に至るに一の草庵に一人の老僧の住めるあり。その号を風外と云ふと。後これを城中に請ぜんとする事屢々なり。故にその後一度城に入り来り、城主に見ゆるといへども、あへてよろこびとせず、受くる所の種々は、その家臣田崎某が許に置きて出で去り、終ひに行方をし

らずとなり。その住みたる所の庵に件の石像を残してありしを、後この地にうつされけるとなり。されど耆嫗共に、何人なる事をしらずとぞ

というものである。それによると、弘福寺の爺婆の像は、もともと風外の庵の跡にのこされたものであったといえよう。

この風外という人物は、江戸時代の初頭における、きわめて非凡な禅僧として、神奈川県小田原市の田島、同県足柄下郡の真鶴などでくらしたというが、つねに山中の洞窟にこもったままで、ひたすら求道の生涯をつらぬいたというものである。その脱俗のくらしについては、この風外の窟をおとずれた僧が、髑髏に飯をもって出されたので、おどろいてその場から逃げかえったとも伝えられる。

天保年間の三浦義方の『相中襍志』仁の巻には、

風祭村宝泉寺境内ニ風外禅師ノ石墓所アリ。里俗アヤマリテ蛇墓ト云

などとしるされて、『江戸名所図会』の記事が引かれたうえで、

或人ノ曰ク、石像ノ二体ハ風外ガ父母也ト云。其時ノ風外ノ住シ庵ヲ法泉寺ト云。又風外常ニ曽我田嶋ノ辺ノ山中洞ニ住居ス。其跡今ニ残リアリ

などとつけ加えられている。それによると、この像の本来の所在地は、現在の小田原市の風祭にあたるのかもしれないが、かならずしもそれとはきめられないようである。柳田國男氏

の『日本の伝説』の「咳のをば様」では、この『相中襍志』の風外の記事について、

親の像を残して去る者もないわけですから、やはりこれも道の神の二つ石であつたらうかと思ひます。山の峠や橋の袂、または風祭のやうに道路の両方から丘の迫つたところには、よく男女の石の神が祀つてありました

などと論じられている。

いずれにしても、このような爺婆の石像については、多くの比較の資料をあげることができるようである。文政四年以降の松浦静山の『甲子夜話』巻六十三には、本所原庭の「せきの姥」の像について、行智法印の考証の文が引かれている。すなわち、

世にこの石像をせきの祖母様《オバサマ》といふは咳をやむもの、この像に祈りぬればかならずしる し有て癒ゆるより名づくるとぞ

と説きおこされて、

今のは、もと関路にます神なるを、関と咳と言葉の同じきより、思ひよりて咳の願事かくる神とはなせる成べし

などと論じられるとともに、

これをしも関の姥といふよしは、まづ関てふ訓義は遮の意なるべし。サへを約むればセとなり、キリを約むればキとなる。即セキてふ言と成也

というようなことから、

往かふ人をえらびて入まじきものを遮りとゞむるまうけなれば、せきとはいへる也

などとも論じられており、そのような関の姥神の類例までがあげられている。

それに対して、柳田氏の『日本の伝説』の巻頭でも、同じ「関のをば様」の問題について説かれており、何よりもこの神の信仰の変遷をたどることによって、

姥神はまた子安様ともいつて、最初から子供のお好きな路傍の神様でありました

などとまとめられている。そして、さきの行智法印の所説をかえりみながら、さまざまな「堺を守る神」の伝承とも結びつけて、

昔の咳の姥神は、おほかた連れ合の爺神と共に、こゝで祀られた石の神であつたらうと、私などは考へてゐます。それを仏教の方に働いてゐた人たちが、持つて行つて地獄に行く路の、三瀬川の鬼婆にしたのであります

などとつけ加えられている。

ここで三瀬川の鬼婆というのは、『地蔵菩薩発心因縁十王経』という偽経に、三途河の奪衣婆として出てくるもので、この世とあの世との境にあって、死者の着物を剥ぎとっては、かたわらの懸衣翁にひき渡すと説かれている。しかも、一般にソウズカノバアサンだけがもてはやされており、とかくつれあいのじいさんの方は忘れられがちであった。そういうわけ

で、もともと庶民の生活の中で、境界における姥神として知られたものが、ついには仏教の感化を受けて、三途河における奪衣婆にあてはめられたのではないかと考えられたのである。

ところで、この『日本の伝説』の刊行の時期から、すでに数十年の歳月を経ており、各地の民俗に対する調査は、しだいに精細に進められるようになって、咳の姥神に関する資料も、かなり豊富に集められてきたといえよう。それらの資料によると、そのような姥神にあたるものは、たしかに村落などの境界を守って、悪霊などの侵入を防ぎとめるものと認められるかもしれないが、それだからといって、はたして道祖神やサエノカミなどと、まったく同一の神であるときめられるであろうか、いっそう慎重な検討を加えなければならないであろう。

表1　咳の姥神資料一覧（埼玉県・千葉県・東京都・神奈川県・山梨県・静岡県）

所在地	名称	資料	形態	利益	供物	備考
埼玉県浦和市白幡	オシャビキサマ	浦和市史民俗編	石像	百日咳		
埼玉県川越市喜多町広済寺	オシャブキサマ（嚔婆）	西郊民俗一二八	石	喘息	金米糖・茶	
埼玉県幸手市戸島安戸	姥神	幸手町誌	木祠	風邪・百日咳	麻・茶葉	
千葉県佐倉市臼井	おたつさま	千葉県印旛郡誌	石祠	咳	焦椒・茶	

千葉県君津市俵田	子守神社	上総国誌稿	社殿	咳	甘酒	
千葉県印旛郡栄町竜角寺	オシャブキサマ		石塔	咳		
東京都港区元麻布長伝寺	奪衣婆	西郊民俗一四七	石像	咳		
東京都新宿区新宿正受院	綿のおばあさん（奪衣婆）	西郊民俗一二四	木像	風邪	綿	
東京都新宿区南元町	鮫ヶ橋せきとめ神	西郊民俗一六二	社殿	咳		
東京都墨田区向島弘福寺	咳の爺婆	日本の伝説	石像	咳	いり豆	
東京都墨田区本所	せきの姥	甲子夜話六三	石像	咳		現なし
東京都世田谷区上馬宗円寺	ショウヅカの婆	馬引沢	木像	風邪・咳	綿	
東京都練馬区早宮	堰ばあさん	練馬の伝説	木祠	咳		
東京都足立区千住金蔵寺	閻魔・奪衣婆	西郊民俗一四七	木像	風邪		
東京都三鷹市牟礼真福寺	コウセンバアサン（釈宮氏霊神）	三鷹の民俗八	木像	百日咳・安産	こがし	
東京都町田市金森加藤家	コウセンバアサン（光専神）	町田市の文化財四	石碑			
東京都町田市南大谷（市史編纂室）	コウセンバアサン（こうせん塚）	町田市の文化財四	石碑			安永九年
東京都町田市金井町墓地	ドウコウバアサン		石像	風邪	茶	
東京都町田市玉川学園小尾家	ドウコウジイサン		塚			
東京都町田市図師町城山	コウセンバアサン（こうせん塚）	町田市の文化財六	石祠	咳	茶	文政一〇年
東京都町田市下小山田町大久保	コウセンバアサン（香仙大菩薩）	町田市史下	石像	風邪	茶	
東京都町田市下小山田町大泉寺			石碑	風邪	茶	
東京都町田市矢部町八木家	ボンテンサマ		石碑	風邪	茶	
東京都町田市小山町福生寺	オチャボウサマ	町田市の文化財六	石塔	風邪	茶	安永八年

東京都多摩市一ノ宮	セキミヤサマ	多摩市史叢書七	木祠	咳	酒	
神奈川県川崎市幸区紺屋町	本田ばあさん（本田地蔵）	川崎市石造物調査報告書	石像	咳	麻	
神奈川県横須賀市浦郷町能水寺	おせきばあさん	古老が語るふるさとの歴史	石祠	咳	茶・いり豆	
神奈川県平塚市明石町豊川寺	オチャバアサン	平塚小史	石像	咳		
神奈川県平塚市諏訪町諏訪部神社	オチャバアサン		石祠	喉病	茶	
神奈川県藤沢市鵠沼上村	オシャモジバアサン	藤沢市史文化遺産民俗	木祠	咳	杓子・茶	
神奈川県藤沢市藤沢南仲通	オシャモジサマ	藤沢市史文化遺産民俗	木祠	麻疹・百日咳	杓子	
神奈川県藤沢市村岡高谷	オシャモジサマ	藤沢市史文化遺産民俗	石	咳	大豆	
神奈川県藤沢市宮原	オシャモジサマ	藤沢市史文化遺産民俗	木祠	咳	酒	
神奈川県藤沢市高倉	オセキサマ	藤沢市史文化遺産民俗	石像	百日咳	甘酒	
神奈川県藤沢市村岡御霊神社	バンバガミ	藤沢市史文化遺産民俗	木祠	麻疹・疱瘡		
神奈川県藤沢市藤沢白旗横丁	バンバガミ	藤沢市史文化遺産民俗	木祠	咳・頭痛・腰痛	清水	
神奈川県茅ヶ崎市芹沢	ギャアギバアサン	茅ヶ崎市史考古民俗	石像	風邪・喉病	線香	
神奈川県茅ヶ崎市浜之郷鶴嶺神社	ゲアゲアバアサン（女護ヶ石）	茅ヶ崎市史考古民俗	石	喘息		
神奈川県茅ヶ崎市鶴田新田	ギアギアバアサン	茅ヶ崎市史考古民俗	塚	眼病	茶	現なし
神奈川県大和市下福田蓮慶寺	子育てのうばさま（優婆尊尼）	下鶴間・福田の民俗	木像	子育て	茶	
神奈川県中郡大磯町高麗	オセキバアサン（入浄塚）	ふるさと伝承記	石像	風邪・百日咳	団子	宝永二年
山梨県甲府市山田町	茶受ばあさん	山梨県綜合郷土研究		咳	茶	
山梨県甲府市千塚町	咳婆さん・お茶好き婆さん	西山梨郡誌	石	百日咳	飴・茶	
山梨県甲府市善光寺町	お咳婆さん	甲斐善光寺	石	百日咳	飴	

山梨県甲府市上石田	お弾正さん	咳の神様お弾正さん由来記	塚	咳	茶	
山梨県塩山市小屋敷	咳地蔵	松里の民俗	石柱	風邪・百日咳	前掛	
山梨県山梨市日下部町	おつま地蔵	山梨県綜合郷土研究		百日咳	茶	
山梨県山梨市中村	シャースケバアサン	日川の民俗	石祠	疱瘡		
山梨県大月市笹子町田通	姨神	北都留郡誌	石像	百日咳	真綿	
山梨県韮崎市神山町武田	お茶婆さん・虫歯地蔵	韮崎市民話伝説集	石像	風邪・虫歯	茶・油湯	
山梨県韮崎市穂坂町宮久保	お茶ぶき婆さん	韮崎市の石造物	石像	夜泣・百日席	茶	
山梨県韮崎市龍岡町若尾新田	お茶婆さん		石像	咳		
山梨県韮崎市龍岡町下条東割	お茶婆さん	韮崎市の石造物	石像	咳	茶	
山梨県韮崎市藤井町北下条	風邪の神さん	韮崎市の民話と伝説	石像	風邪	茶	
山梨県韮崎市穴山町伊藤窪	関神	韮崎市の石造物	石祠	咳		
山梨県韮崎市穴山町次第窪	関神	韮崎市の石造物	石祠	咳		
山梨県東山梨郡勝沼町上岩崎	おしゃぶきさん	勝沼町誌	石	風邪・百日咳	茶湯	
山梨県東山梨郡大和村	しゃぶきばあさん	大和村誌	石塚	咳		
山梨県東山梨郡大和村日影	シャブキ地蔵（ミツホ地蔵）	佐藤達明氏報	石像	咳		
山梨県東八代郡御坂町成田	シワブキ婆さん	御坂町誌	塚	咳	胡麻	
山梨県西八代郡下部町共和	うば神様	山梨県綜合郷土研究		風邪	茶	
山梨県南巨摩郡増穂町平林	シワブキサン	甲斐の伝説	祠	咳	葱	
山梨県中巨摩郡白根町上八田	しわぶき婆	日本風俗志	石	風邪	煎胡麻・茶	
山梨県中巨摩郡敷島町敷島	お茶づけ婆さん	山梨県綜合郷土研究	石	風邪	茶	
山梨県中巨摩郡甲西町塚原	しゃぶき姥	甲西町誌	岩	百日咳	葱	
山梨県中巨摩郡甲西町大師	しゃぶき姥	甲西町誌	石柱	百日咳	葱・胡麻	
山梨県中巨摩郡甲西町五明	しやぶきん	山梨県綜合郷土研究	墓	麻疹		
山梨県中巨摩郡甲西町落合	しやぶきんさん	山梨県綜合郷土研究	石	百日咳	苔	
山梨県中巨摩郡長坂町秋田	嗽神	山梨県綜合郷土研究		咳		

山梨県北巨摩郡明野村小袖	おしゃぶき婆	明野村誌	石祠	風邪	薄焼・茶	
山梨県北巨摩郡双葉町塩崎	地蔵様	山梨県綜合郷土研究	石像	咳	茶	
山梨県北巨摩郡武川村宮脇	咳婆さん	武川村誌	石祠	咳	茶	
静岡県沼津市三芳町	ガイキノオバアサン	沼津今昔−秘話を探る	石像	咳		
静岡県沼津市下香貫塩満	ギャアキバアサン	西郊民俗一五一	石像	風邪	こがし・茶	
静岡県沼津市小山	ギャアキノオバアサン	西郊民俗一四六	石像	咳	こがし	
静岡県沼津市中沢田道尾	ガイキバアサン	西郊民俗一四三	石像	咳		
静岡県沼津市中沢田西ノ久保	ガイキバアサン	西郊民俗一四三	石像	咳		
静岡県沼津市内浦長浜	ジイサン・バアサン	西郊民俗一四三	石	咳	香煎	
静岡県清水市庵原町小里	カソウバアサン	西郊民俗一四六	石像	咳	香煎	
静岡県三島市川原ヶ谷	オキャアキバアサン	西郊民俗一四三	木像	咳	香煎	
静岡県富士市横割	セキノバアサン	西郊民俗一四六	墓石	咳	茶の葉	
静岡県裾野市富沢	ガキ婆さん	富沢の民俗	石像			
静岡県駿東郡清水町久米田	けやきのお婆さん	清水町のむかしばなし	石	風邪		

静岡県外の咳の姥神

実際には、どれだけひろい範囲にわたって、そのような咳の姥神が伝えられているのか、まだよく確かめられていないが、表1「咳の姥神資料一覧」に、埼玉・千葉・東京・神奈川・山梨・静岡という、六つの都県の分だけをまとめておいたので、とりあえずそれらの事例に限って、それぞれの伝承の実態をさぐってみたい。

埼玉・千葉の両県については、まだ充分に調べられてはいないが、埼玉県の川越市喜多町では、曹洞宗の広済寺の境内に、シャブキババの石塔があって、『川越素麺』や『多濃武の雁』などには、ある浪人のあとをつけてきたので、この寺に納められたものと伝えられる。上下の二つの石を重ねたものであって、何の仏の姿をあらわすのか、かならずしもあきらかとはいえないが、喘息で苦しむ人は、この石に願をかけては、縄でその頭をしばっておいて、その病がなおったときには、さきの縄をといてやって、金平糖と煎茶とをあげるならわしであった。同じ埼玉の県内では、浦和市白幡と辻との境にも、オシャビキサマの石像があって、ゆき倒れの老婆をまつったなどと伝えられており、こどもの百日咳がなおるようにと、よだれ掛けを借りに参るものがすくなくないという。

千葉県佐倉市の臼井では、臼井の城主の竹若丸に仕えた、おたつさまという乳母の女が、若君をのがしたうえで芦原に隠れていると、咳が出たために敵に殺されてしまったといって、小さな石の祠にまつられていた。このおたつさまにむかって、咳の病がなおるように頼むには、麦こがしや焼きとうがらしに、お茶をそえてあげていたが、そのような食べ物にむせかえることによって、咳の苦しさを思いだしてもらうためかと思われる。同じ千葉の県内では、君津市俵田の姥神さまも、尊いお方の乳母であったが、咳の病でなくなったというので、子守神社というお宮にまつられており、咳の病をなおしてもらうには、甘酒をあげればよいと伝えられていた。

東京の都区内では、さきの弘福寺のじじばばのほかに、新宿の正受院の奪衣婆にあたるものは、田安家の屋敷から掘りだされたと伝えられ、咳止めや虫封じの神として知られるものである。この三途川の老婆というのは、日本橋の翁稲荷やお竹大日とあわせて、江戸の流行神としてもてはやされており、幕末の嘉永年間には、じいさん・ばあさん・あねさんのトリオで、狐拳の遊びに興ずるさまなどが、大量の錦絵につくられてひろまっている。この三途川の婆にむかって、咳止めや虫封じの願をかけるには、寺からシャモジを受けてきて、「咳御免」「虫御免」などとかいて、家の戸口にかかげておいて、お礼には真綿をかぶせてあげるので、俗に綿のおばあさんといって親しまれている。本来ならば、千住の金蔵寺の奪衣婆というのも、風邪の病をなおしてくれたというが、今日では、この寺の閻魔に頼むことによって、その願がかなえてもらえるということである。

それに対して、都下の町田市の数ヶ所に、コウセンバアサンなどという祠や塚があって、咳の病がなおるように祈ることが知られている。この神のコウセンという名は、それぞれに「光専」や「香仙」などという漢字をあててしるされ、また「通せん」や「交戦」などということばからきたようにも説かれているが、もともとは「香煎」すなわち麦こがしをさしたのであって、わざわざこの食べ物を味わってもらって、改めて咳の苦しみを思いださせようとしたものといえよう。

たとえば、図師町と小野路町との境界に近く、俗に城山という丘の上には、大きな椎の木の根もとに、コウセンバアサンという石の祠があって、左右に「文政十丁亥十月日」「施主天野勘左衛門」と刻まれている。そのいわれとしては、麦こがしにむせて死んだ老婆をまつったと伝えられており、茶碗や竹筒に茶を入れてあげることによって、咳の病がなおるように祈ることがおこなわれている。また、下小山田町の大久保台のゴルフ場に近く、木造の小さな堂があって、石造の菩薩の像がまつられており、「香仙大菩薩」という文字が認められるほかに、文化元年七月という年次と、薄井忠造という人名とが刻まれていた。このコウセンバアサンについても、こがしにむせて死んだ老婆をまつったといって、やはり茶碗に茶をついであげては、風邪のなおるように祈るものが絶えなかったという。

つぎに、神奈川県の事例としては、藤沢の市内の数ヶ所に、オシャモジサマやバンバガミなどの祠があって、咳の病がなおるように祈ることがおこなわれていた。たとえば、鵠沼上村のオシャモジバアサンというのは、まったく耳が聞えないというので、わざわざ羽目板をたたいて拝んでいるが、咳で苦しむものが参っては、茶碗でお茶を供えてゆくのである。宮原のオシャモジサマというのは、かねて咳の病に苦しんだ僧が、みずから入定を遂げるにあたって、この病から救う願を立てたので、竹筒に酒を入れてあげるのだという。

そのほかにも、茅ヶ崎市内のギャアギバアサン、平塚市内のオチャバアサンなど、いくつかの事例があげられるのであるが、わけても、大和市下福田の蓮慶寺には、優婆尊尼の木像がまつられており、子育てのうばさまとして知られている。そのいわれについては、小林大玄という修験者の妻で、おいとという乱暴な女が、毒酒をもられて死んだので、その霊をまつったといって、こどもが百日咳などの病にかかると、毒消しとして茶の葉を供えると伝えられる。さらに、中郡大磯町高麗の境界に、オセキバアサンという石像があって、「南無阿弥陀仏」「宝永二年天四月十八日」と刻まれていた。そのいわれとしては、せきという名の老婆が、水害や悪病に悩まされないようにと、みずから食を断って死んだので、その冥福を祈って建てたと伝えられ、風邪や百日咳がはやると、赤土の団子をあげて祈り、そのお礼としては、米の団子をあげて参るならわしであったという。

つぎには、山梨県の事例であるが、特に国中地方の各地には、これまであげてきたのと同じように、シャブキバアサンやオチャバアサンなどといって、咳止めの願をかけるというものが、きわめて多く知られるのである。さしあたり、前掲の一覧表には、県内の三十一の事例があげられているが、ただこれだけで尽されるとは思われない。

とりあえず、いくつかの事例を取りあげると、甲府市千塚四丁目の一画に、自然のままの石が立てられており、セキバアサンとかオチャズキバアサンとかよばれている。そのいわれについては、村はずれに倒れていた老婆が、村の人々に助けてもらったお返しに、こどもの咳をなおしてくれたので、村の守り神としてまつられたと伝えられており、咳に苦しむものが願をかけて、そのお礼に飴などをあげていったというものである。また、大月市笹子町の田通には、棍棒型の石像が立てられており、やはり姥神として知られている。こどもの百日咳をなおしてもらい、桑の葉の害虫を除いてもらおうと、この石神に願をかけるものは、真綿を頭巾や襟巻としてかけてあげたということである。

東八代郡御坂町成田には、シワブキバアサンの塚があって、おいとという美しい娘が、母の癆咳の病のために、恋人との約束をはたせなかったので、自分の墓に願いをかければ、かならず咳の病をなおしてやろうといいのこしたと伝えられる。咳止めの願がかなえば、鳥居や腹掛けや千本幟を納めて、胡麻の実を供えるならわしであったという。南巨摩郡増穂町平林では、大きな石の上の祠が、シワブキサンとして知られるものである。百日咳で死んだ老婆をまつったもので、咳の病に苦しむものは、そのまわりの葱をいただいて食べ、かわりの葱を植えて返せばよいということである。

中巨摩郡白根町上八田では、シワブキババという三角の石が、ゆき倒れの老婆を埋めた墓印であると伝えられる。こどもが風邪にかかると、煎り胡麻と茶とを供えて祈るものであるという。中巨摩郡甲西町塚原でも、大きな岩の上の祠が、もっともらしく「社吹大明神」としるされているが、やはりシャブキバンバとよばれている。百日咳などをなおしてほしいものは、そのかたわらの葱をいただいて帰り、お礼にはそれを倍にして返すというならわしであった。北巨摩郡明野村小袖にも、オシャブキババの石の祠があって、ある老婆が風邪の退散を祈るために、七日間の水垢離をとっていたが、満願の日に死んでまつられたものと伝えられる。この祠に参る人々は、小麦粉を練って焼いた薄焼とお茶とを供えてゆくという。

静岡県内の咳の姥神

そこで、いよいよ静岡県の事例にはいるが、柴田寿彦氏の『沼津今昔—秘話を探る—』にも、「ガイキのヂヂ・ババ」と題してあげられたように、現に沼津の市内の各地にも、かなり多様な形態をとりながら、そのような咳の姥神の事例が認められるのである。

旧沼津町の三芳町の蓮光寺は、臨済宗妙心寺派に属する寺であるが、その山門の前のむかって左手に、いくつかの石塔や石像が集められた中に、ガイキのオバアサンと称する石像がまじっている。高さ八十センチメートルほどの浮き彫りの坐像であるが、風化のためにその人物の姿はあきらかではない。ガイキのオバアサンとよばれながら、まったく咳止めの願については伝えられておらず、むしろどろぼうよけの神として知られていたという。すなわち、何かものが盗まれると、早くその犯人がつかまるように、この像に縄をまきつけておいて、無事にその犯人がつかまると、ただちにその縄をほどくとともに、お礼に団子などをあげるというのである。
旧楊原村の下香貫塩満には、昭和六十年に鉄筋の地蔵堂が建てられており、今日では塩満自治会の第二集会所としても使われている。堂内の正面の厨子には、石造の地蔵の立像が納められ、またその左隣の厨子には、石造の観音の座像が納められるとともに、さらにその左隣の厨子には、石造の姥神の座像が納められており、木札に「咳気祖母様」という名が書かれているが、俗にギャアキバアサンという名で知られている。この姥神の像は、二十六センチメートルほどの高さで、頭の半分が欠けており、顔の表情もあきらかではないが、何かに腰かけた姿で、チョゴリのようなものをまとっている。
この姥神のいわれについて、その堂前の木額の説明には、「咳の地蔵さん」とあって、お堂の中の三体の像の向って左側に、地元のお年寄りから「げあきばあさん」（咳気祖母様）またの名を「しやぶきのばあさん」とも呼ばれている「せき」のお地蔵さんがあり、風邪を引いた時など早く元気になるよう昔から「願かけ」が行なわれ、全快した時はこがし（大麦粉）やお茶をあげたり、やまもの葉でお地蔵さんの顔に水をかけてお礼をしたとのことです
というように示されている。かつては、麦のとりいれの頃に農家の人々が参っては、めいめいに大麦のコガシをあげていったので、おもに雨降りの日に近所のこどもがきては、勝手に

それをさげて食べたものであるという。特に風邪の病がはやると、地元の下香貫の各区だけではなく、我入道や靜浦などの方面からも、おおぜいこのギャアキバアサンに参って、早く治るようにと願をかけたということである。

この地蔵堂のすぐ前の森は、古くは庵寺があったというところで、今でもアンという名でよばれているが、馬込の釣月寺の管理にまかされて、地元の檀家の墓地にあてられている。この堂の本尊の地蔵は、大水によって流れついたと伝えられて、ハッチャガリ地蔵という名でもよばれている。その堂のむかって右側には、石造の地蔵の座像があって、頬に手をあてた形をとっており、その頬をさすってやると、歯の痛みが治るというので、俗に歯痛地蔵として知られるものである。その堂のむかって左側にも、石造の円柱の上部をめぐる、浮彫りの六地蔵の立像があって、「十方仏道　奉造立六地蔵菩薩　延享四丁卯八月日　後藤常吉」と刻まれている。

もともと塩満の住民の中には、日蓮宗の塩満寺や妙蓮寺などの檀家だけではなく、また臨済宗の釣月寺の檀家もすくなくなかった。地元の年輩の女の人は、まったく同じメンバーによって、毎月十四日に塩満寺の十四日念仏に参り、毎月十八日に妙蓮寺の七面さんに参って、そろって「南無妙法蓮華経」の題目を唱えるとともに、毎月二十三日にこのお地蔵さんに参って、みなで「南無阿弥陀仏」の念仏をも唱えるというならわしであった。現にこのお地蔵さんの念仏では、開経偈、般若心経、消災陀羅尼、回向文、普門品偈、白隠禅師坐禅和讃、舎利礼文、十句観音経、十三仏真言、回向誓願文、懺悔文などを唱えることがおこなわれる。特に七月の二十三日は、お地蔵さんのお祭りとして、多くの人々がお参りにきたものである。今日では、婦人会や青年会や老人会が、それぞれの店を出すことによって、いっそうにぎやかなものとなっている。そのような祭りなどの機会には、本尊のお地蔵さんとあわせて、堂内のギャアキバアサンなどをも拝むというのであった。

旧大平村の範囲でも、清水町の徳倉との境に近く、手城山の尾根のはずれには、小山の庚申堂が建てられており、青面金剛や聖観音や不動や子安地蔵など、あわせて六体の石仏と並んで、ギャアキのオバアサンというものがまつられている。この堂の建立については、すでに天明四年の棟札があって、

日本東海道駿州金持庄大平内小山庚申堂者、古来雖粧造年月已久堂宇風損。旹有遠州浜松産休道者、先歳建立於豆州四箇之堂、亦来滶此地新造這堂。天明四甲辰二月吉日、上梁而安置庚申不動子安地蔵者也。以而新地形易地、施主当所星屋長右衛門為先祖喜捨焉。

旹天明甲辰二月吉日　慈雲十一世日輪叟楽陽誌

としるされたとおりである。ギャアキのオバアサンは、高さ四十八センチメートルの、浮き

彫りの座像であったが、すでに相当の風化を経ており、そのいわれについては、まったく何も伝えられていない。

この庚申堂では、庚申の日ごとに、小山の年輩の女の人が、東と西と二つのグループにわかれて、交代でお念仏をとなえることがおこなわれている。東の四組と西の三組とが、順番にその当番をひき受けて、団子や菓子などの供物をととのえるならわしである。また、毎月十七日には、家々のまわり番で、観音をまつることがおこなわれており、ごく近年まで、九月十三日には、隣組のまわり番で、子安地蔵をまつることもおこなわれていたという。しかし、ギャアキのオバアサンについては、特別のまつりをいとなんだこともなかったようである。この地の老人が若かったころには、百日咳や風邪などにかかったものが、ひどい咳で苦しまないように、このオバアサンに願をかけたものである。そのおはたしとしては、大麦のコガシをあげたことも伝えられている。

旧金岡村の中沢田の道尾には、額に「咳気神」としるされた神社があって、柴田氏の報告にはガイキのヂイサンとしてあげられているが、現地での聞書ではガイキバアサンとよばれたようである。間口三間で奥行二間半の社殿には、石造の浮き彫りの坐像が二つ並んでおさめられているが、右側は台座を除いて高さ四十センチメートルほどで、右手で頬をささえている形をとっており、左側は台座をあわせて高さ四十五センチメートルほどで、両手を前で組んでいる姿とみられるが、すでに頭の半分あまりがかけてしまっている。

『駿河志料』巻六十五の駿東郡西沢田の項に、

〔咳気神〕祭神未詳、神像二躯、古制なり

としるされているのは、この石像の二体にあたるものであろうか。「咳臓神社改築記念台帳」のはじめには、

咳臓神社

祭神　楠氏乃一族後醍醐天皇乃御代、足利尊氏波新田義貞登同宗奈里。然留爾、尊氏異図乎蓄辺心密仁義貞乎憚里之乎除加無登須。鎌倉仁拠氐反須留仁及毘、義貞乃領地乎奪比其罪乎構氐之乎奏須。依氐、義貞亦尊氐乃邑地乎収米分疎志氐其罪乎奏須。建武二年十一月、天皇乃知義貞仁命志氐尊氏乎討伐世志米玉布。義貞六万余乃大兵乎以氐海道与里進美連戦連勝箱根仁向比直義登戦氐之乎破留。然留仁、弟義助以下敗礼氐官軍大仁潰由。之乃時、楠氏乃一族官軍仁有咳臓仁加々里金岡村中沢田仁氐病歿須。当時乃名僧夢窓国師乃大中寺乎開久仁及毘、楠氏乃為米一社乎造里咳臓神止志氐祭里志母乃奈里

としるされたうえで、つづいて

咳臓神社ハ文化十四年新築、御屋根ハ草葺ナルモ、明治三十三年春瓦葺ニ改造セリ。然ルニ、今日ニ至レバ、新築以来実ニ壱百有余年ノ歳月ヲ経自然朽損シヌルヲ、昭和十一

年一月十一日町内一同集合セル際、社殿改築ノ儀起レリ。去リ乍ラ、之ガ建築ニハ壱千数百円ノ多額ノ費用ヲ要スルモ、誰一人トシテ異儀ヲ申出ズル者ナク集議一決、町内共有金町内一同ノ寄附金其他一般信者ノ寄附ヲ募リ、同年二月二十一日起工、同年四月七日上棟式、同年四月二十九日落成式、本殿ノ修繕モ其間ニ於テナセリ。依テ、茲ニ記念簿ヲ綴リ造営費及寄附者氏名建築委員職工ノ姓名ヲ記シテ記念トス

昭和十一年四月二十九日　社掌後藤丈作之ヲ記

とあって、その改築の関係者の氏名があげられている。社殿の右手の石燈籠には、「奉納石燈籠一基」「中沢田道尾中」「寛政

沼津市中沢田道尾のガイキバアサン

元己酉稔九月吉辰」と刻まれており、またそのかたわらの手水鉢には、「文政三庚辰九月十五日」と刻まれていて、江戸時代の信仰の様相をうかがうことができる。

毎月十四日および晦日には、道尾の年輩の女の人が集まって、名目上はお題目と称しながら、実際には念仏と題目とをあわせ唱えている。毎年三月三日には、この神の祭りがおこなわれており、戦前には、藝熱心な人々を中心に、素人芝居を演じたこともあったが、今日では、三軒ずつの当番の世話で、おふるまいをすることが続けられている。かつては、地元の中沢田だけではなく、沼津や片浜などからも、咳が出てなやむ人々は、このガイキバアサンに参って、蝋燭や線香などをあげて拝んだものである。

旧金岡村の中沢田の西ノ久保でも、十二天社の南側の高みに、やはり咳気神社という神社があって、柴田氏の報告にガイキのバアサンとしてあげられたものにあたる。道尾で聞いたところでは、こちらがガイキジイサンとよばれるということであったが、西ノ久保で聞いたところでは、やはりガイキバアサンまたはガイキサンとよばれたようである。そのいわれについては、特に何も伝えられていないが、社殿の前の燈籠には、「嘉永子酉三月吉日」「咳気神御広前」と刻まれており、すでに江戸時代の後期には、この神の信仰がおこなわれていたといえよう。

毎月十四日および晦日には、当番の組の人々が、茶や菓子などを用意しておいて、西ノ久保および田端の年輩の婦人が、念仏や題目を唱えるのであって、普通は「般若心経」や「観音経」などをあげているが、寒中だけは念仏を唱えてはならないといって、「南無妙法蓮華経」という題目を唱えるならわしであった。本来は十月十七日に、今日ではその第二日曜日に、十二天社の祭りとあわせて、この神社の祭りもおこなわれている。ここでも咳に苦しまないように、また風邪をひかないようにとおがんだもので、重い病人が出たりすると、おおぜいで経をよむこともあったという。

旧内浦村の長浜では、その南方の突堤のきわに、高さ一メートルほどの自然石が二つ並んですえられており、それぞれジイサンの石とバアサンの石とよばれている。近年にその海岸が埋め立てられたので、鳥居の前の方から移されたものであるという。それについて、『増訂豆州志稿』巻五の「石巌」の項に、

〇美女石　〇長浜村海浜ニアリ。〔増〕近年漁業ニ妨アリトテ破砕ス。）又老爺石、老婆石アリ

としるされており、また『内浦村誌』の第三「名勝遺蹟」には、

長浜の渦巻く浪の色深き網代にありし美女石は近年漁業に妨げありとて破砕の不運に会ひ僅かに其断片を止むるは心惜し。此石につき伝らく、昔源三位頼政（賀茂郡吉佐美に謫居の時なるべし）の女、故ありて此石の上より身を投じて死す。其臣判官代某翁婦追

> ひ来り共に溺死すと、また翁石、姥石及書置場といへる場あり、思ふ此事実ありしなるべく美女といふは或は判官代某の父ならんか、今瘧を患ふるもの此石に祈願すれば全癒すといひてこれを計るもの往々あり

としるされている。

その前の石碑には、「老爺《ぢぢ》石《いし》老婆《ばば》石の由来」と題して、それらの両書の記事が引かれたうえで、

> もともと重須村と長浜村の村境で又網代と呼ばれる湾内最良の漁場にあったこの双体の自然石は、前記史話により名付けられたのであろうが、先祖の父神母神を連想した部落守護の「境の神」であり豊漁をもたらし、子供を守護する「サイの神」としての信仰が続いてきた

としるされており、「長浜組合」「昭和六十年一月吉日建之」と刻まれている。たしかに、その地先の海は、よくマグロがとれるというから、この二つの石も、あるいは漁の神として拝まれたかもしれないが、老人会の席でうかがうと、やはり咳止めの神として信ぜられていたという。すなわち、咳が出て苦しんでいるときには、年をとって耳が遠いからといって、わざわざこの石をたたいて頼んだということで、これに香煎を供えることがあったとも伝えられていた。

沼津の市内の事例は、さしあたりそれだけしか知られていないが、周辺の一二の事例にもふれておくと、三島市川原ヶ谷の道端には、庚申・観音・不動とともに、オキャアキバアサンをまつった堂があって、『増訂豆州志稿』巻十の「附録菴室僧坊」の君沢郡の項に、

〇林光庵（川原ヶ谷村、下同、庚申堂ナリ、往昔村東蛇尾山ニテ掘出シタル木像ヲ安ス。面貌甚奇ナリ。呼テ風除神ト云）

とするされている。ここで風除神とかオキャアキバアサンとかいうのは、まさに異様な風貌をそなえた、一体の老婆の木像をさすのである。近年まで毎月十四日および十七日に、今日では毎月十四日だけに、二軒ずつの当番の家で、茶や菓子などを用意しておいて、地元の老女の仲間が集り、年功をつんだものが木魚と鉦とをたたきながら、いっせいに念仏を唱えておがむことがおこなわれていた。そこでは、「三宝礼」と「懺悔文」とにつづいて、「延命十句観音経」を十回も唱えて、「南無阿弥陀仏」を百回もくり返してから、不動さまおよび庚申さまの真言、風除神および観音さまのご詠歌を唱えたうえで、さらに「延命十句観音経」を何回もくり返して終るのである。その風除神のご詠歌としては、

有難《あり》がたやうきゃきじんのおがささん流行《はやり》の風邪《かぜ》をのがしたまへよ

というものが伝えられている。地元の三島はもとより、沼津や原などからも、咳の病に苦しむ人々が、ここまで願かけにきて、その病がなおるとともに、おはたしに菓子などをあげ

て、まわりのこどもにもわけてやったが、またこの神をおがむにあたっては、やはり香煎をあげることもあったという。

裾野市富沢の公民館は、もともと小さな堂のたてかえられたものであるが、別の庵寺からうつされてきたものも含めて、子安や観音などのいくつかの像が並んでまつられている。その左の端の方には、二十センチメートルほどの女神の像があって、ガキバアサンとかガアキバアサンとかよばれているが、風邪の病をなおしてくれるというので、地元の年寄がこれに参ったものである。

また、駿東郡清水町久米田の根本定男氏の屋敷には、五十センチメートルほどの自然石があって、やはりギャアキノオバアサンともよばれていたが、かつては、隣接の杉本氏の屋敷に、大きなケヤキが何本もはえており、それらのケヤキにこの石がおおわれていたので、本来はケヤキノオバアサンではなかったかという。このギャアキノオバアサンに対して、これをまつる根本家では、正月および盆の二度ずつ、お花やお供えなどをあげて拝んでおり、久米田の年寄の中には、風邪をひくと拝みにきて、線香や蝋燭などをあげてゆくものが多かった。その石のかたわらには、ある行者のすすめによって、小さな石の祠がもうけられて、静代稲荷という名でまつられている。

もう一つ、富士市横割の福寿院では、墓地の中の小さな堂に、セキノバアサンとかオチャバアサンとかいう墓石があって、正面に「卍照蘊智空禅尼」と刻まれており、左右に「安永七戊戌年」「四月七日」と刻まれている。そのいわれについて、どこからかこの寺にきた老婆が、咳の病に苦しんでいたが、お茶をあげてくれるならば、その病をなおしてあげようといって、そのままなくなったのをまつったということで、やはりお茶をもって参るものがすくなくなかった。特に八月七日の祭りには、かなり遠方からも参りにきて、たいそうにぎわったものであるという。

咳の姥神の原形

さしあたり、これだけの資料の整理によっても、咳の姥神の信仰について、ある程度の見通しを立てることができそうに思われる。さきにもひととおりふれたように、はやく松浦静山の『甲子夜話』には、行智法印の考証にもとづいて、「せきのおばさま」というのも、関と咳とが通じあうために、関路にまつられる神に対して、咳の願をかけたものであって、この「せき」ということばは、もともと「さへきり」の意味をもっていたと説かれている。また、柳田氏の『日本の伝説』でも、この行智の所説をふまえながら、弘福寺の爺婆の石像が、もともと山の峠や橋の袂、または道の両方から丘の迫ったところにまつられる、男女の石の神にあたるものであったと考えられている。

それならば、おしなべて村落などの境界を守って、悪霊などの侵入を防ぎとめるものとして、そのような咳の姥神というのは、俗に道祖神やサエノカミなどというのと、まったく同一の神にあたるものであったといってもよいであろうか。実際には、ここにあげたかぎりの資料によっても、それらの二つの種類に属する神は、かなり異なる性格をそなえており、それぞれに別々の展開を遂げてきたものといわなければならない。

いうまでもなく、ここにあげる咳の姥神とは、ただ一体の女の神としてとらえられるものである。もう一つの道祖神やサエノカミは、かならずしも一概にはいいきれないが、すくなくとも一体の女の神とは考えられないで、むしろ二体の男女の神として受けとられがちであった。

さまざまな咳の姥神の中でも、多くは自然のままの石にすぎないが、また人工を加えた石像であっても、何となく老女の姿を思わせるだけで、かならずしも一定の形をとっているわけではない。東京などの寺院で、三途川の奪衣婆にあてられて、恐ろしい形相をとるようになったのは、むしろ新しい変化ではなかったかと思われる。

それに対して、道祖神やサエノカミの方では、地域ごとにまちまちな様相を示しているが、私自身の見解によると、村境や峠などを通るにあたって、柴を折り石を積むというならわしが、もっとも素朴な形態をとどめたものといえよう。さまざまな木や石の中でも、石棒や丸石や陰陽石などのような、何らかの特異な石のたぐいが、しばしばその神体としてあがめられたとみられる。また、ニンギョウやカシマやショウキなどという、藁や木の大きな人形で、村境などに立てておかれるものも、その古風な形態にあたるものと認められている。さらに、江戸時代の中期からは、石工の技術の発達にともなって、この神の石祠や石像など、きわめて多様な石造物がつくりだされていることも注目される。わけても、群馬・神奈川・長野・山梨・静岡などの各県を中心に、その双体の浮彫りの石像が、きわめて多くつくられてきたのは見のがせないであろう。

それだけではなく、およそ咳の姥神にあたるものは、悪病の流行などにあたって、随時の願がかけられるものであって、特に年間の行事にともなって、定時の祭りがいとなまれるものではない。それに対して、道祖神やサイノカミに属するものが、関東地方から中部地方にかけて、サギチョウやトンドなどと称する、小正月の火祭りの行事を通じて、きわめて盛大にまつられているのはいうまでもない。しかも、そのような火祭りの火にあたると、その年は風邪をひかないなどといって、もう一つの信仰と通ずる動機をもうかがわせるのである。

本来ならば、姥神と称する女神の伝承は、姥石や姥懐などのように、尊い山をめぐって認められるとともに、また姥ヶ池や姥ヶ淵などのように、清らかな水をめぐっても知られており、別にきまった地域だけに限られるものではなかったといえよう。この咳の姥神の伝承は、たまたま子育てなどの縁によって、風邪や咳をなおしてもらおうと、この神に願をかけるものがあらわれて、わりあいに新しい時期にはやりだしたもので、それほどひろい範囲にゆきわたらなかったのではなかろうか。しかも、ここにあげたかぎりの資料によって、いくつかの主要な要素をくらべただけでも、そのような咳の姥神の原形にあたるものが、特に山梨県の各地の伝承を通じて、もっとも顕著にとらえられるように思われる。

はじめに、咳の姥神の名称としては、第一にシワブキバアサン、第二にガイキバアサン、第三にセキバアサン、第四にオチャバアサン、第五にコウセンバアサンなどというものをあげることができる。平安時代の『和名抄』にも、「咳嗽」を「之波不岐」とよませているように、咳にあたる「しはふき」ということばは、かなり古くから使われてきたといえよう。埼玉県の方面でも、オシャブキサマやオシャビキサマが知られているが、山梨県の各地に、シワブキバアサンやシャブキバアサンが認められるのは、そのような古風な表現をとどめたものとして注目される。それに対して、室町時代の文明本『節用集』に、「咳気」で「ガイキ」とよませているように、咳にあたる「がいき」ということばは、いくらかおそくまで使われていたとみられる。神奈川県から静岡県にかけて、ガイキバアサンやギャアキバアサンが認められるのも、これまた前代の表現に属するものといってもよい。オチャバアサンやコウセンバアサンなどは、ともにこの神に供える物によってつけられたのであるが、山梨県下でオチャバアサンなどという方が、東京都下でコウセンバアサンなどというよりも、やはり本来の供え物によっていることは、のちに改めて説明してみたい。

つぎに、咳の姥神の形態としては、第一に自然石、第二に石像、第三に石碑、第四に石祠などがあげられるが、そのような何らかの神体が、さらに祠堂や社殿にまつられるものも認められる。東京などの寺院における、奪衣婆の木像などについては、ここに改めて取りあげるまでもないであろう。山梨県の咳の姥神の中には、巨大な岩や三角の石などのような、自然の岩石にあたるものがすくなくないのは、やはり古風な形態をとどめているように思われる。

さらに、咳の姥神の供物としては、第一に茶、第二に酒、第三に飴、第四に麦こがし、第五にいり豆、第六にいり胡麻、第七に葱などというような、いくつかの飲物や食物があげられるであろう。それらの供え物の中でも、山梨県などの各地における、茶や飴などというのは、ただちに咳をしずめるために役だてられるものであり、もっとも自然に取りいれられたものであったとみられる。それに対して、静岡県などの各地における、麦こがしすなわち香煎をはじめ、いり豆やいり胡麻などというのは、むしろ咳をうながすことによって、その苦しさを味わわせるために用いられたもので、やや不自然につけ加えられたものではなかったかと思われる。

沼津市域の民俗の位置

いずれにしても、まだ頼りない推論にすぎないが、この咳の姥神の信仰などは、まず山梨県の国中方面におこって、ほぼひととおりの形態をととのえたものが、しだいに周辺の各地方にもひろまって、さらにいくつかの要素を加えていったものと考えられないこともない。それというのも、旧来の甲斐国にあたる、今日の山梨県というのは、きわめて険阻な山地にとりかこまれて、まったく独自の文化圏をかたちづくりながら、一方で江戸や東京とつながりあい、他方では東海道筋の各地方ともつながりあって、かなり活潑な交流をくり返してきたからである。そういうわけで、東京都・神奈川県と山梨県と静岡県東部とにわたって、いっそう広域の文化圏をもつくりあげており、特にこの沼津の市域などは、その重要な一画を占めていたといってもよいであろう。

改めていうまでもなく、静岡県の東部の要衝の沼津市は、陸上および海上の交通によって、東京方面と京阪方面との双方と通じあうとともに、また山梨県の郡内方面とは直接に結びついていたことが注目される。そのような沼津市の位置ともかかわって、市域の民俗のあり方を考えることもできるであろう。ここでは、その大事な問題点として、そのような咳の姥神とともに、あげ地蔵などの石占のことにふれておきたい。

拙著の『道祖神と地蔵』にも、「石占の民俗」と題してまとめられているが、何らかの石の軽重によって、さまざまな物事の吉凶をうらなうことは、かなり古い記録にもしるされており、きわめてひろい範囲に知られている。それにもかかわらず、それらの資料の分布には、かなり著しいかたよりが認められるのであって、山形県の村山地方、岐阜県の南部一帯、愛知県の西部一帯、福岡県の北九州方面などとともに、この山梨県のほぼ全域にわたって、きわめて多くの事例が伝えられており、またそれと通ずる静岡県の東部にも及んでいたのは注目される。

これまでの私どもの調査によると、山梨県のほぼ全域にわたって、七十三の石占の伝承があげられているが、かならずしもこれだけでつくされるものとは思われない。そのような山梨県の事例は、おおむねあげ仏やあげ地蔵などとよばれるとともに、またうかがい石やうかがい地蔵などともよばれており、実際に地蔵の形をとるものが多いようであるが、また自然のままの石であっても、やはり地蔵の名でよばれるものがすくなくない。さらに、それらの事例の中には、社寺や路傍におかれたもののほかに、どこか特定の家に属して、誰か特定の占い手によるものもまじっていた。わけても、南巨摩郡中富町寺沢では、お天狗の石祠をもちあげることから始まって、大黒の石像をもちあげることがおこなわれていたが、そのような神占のわざを中心に、念力協会という教団までつくられて、ひろく多数の信者を集めていたのにおどろかされた。

それに対して、沼津市の石占の事例をあげると、上香貫南本郷町の道祖神社では、一月十四日と七月十四日とに、町内と講中とで祭りをいとなんでおり、ひろく上香貫や下香貫や我入道から、かなり多くの参詣者を集めているが、神前の紡錘形の石をもちあげて、それが重いか軽いかによって、願いがかなうかどうかをうかがうことでも知られている。我入道東町の地蔵堂には、石の線香立てがおかれており、俗にうかがい石とよばれているが、何か願いごとをしながら、この石をもちあげると、よいときには軽くあがって、わるいときにはけっして動かないという。大朝神社の境内における、来宮さんの祠の前にも、石燈籠の屋根のようなものがあって、やはりうかがい石として拝まれたようである。また、原東町の山神社の神前にも、直径八寸ほどの丸石があげられているが、やはりおうかがい石としてもちあげては、願いがかなうかどうかをうらなうことがおこなわれる。

いずれにしても、全国にわたる石占の事例とくらべると、山梨県におけるあげ仏などには、そのととのった形態が認められるようである。さしあたり、山梨の県内でおこなわれたものが、ただちに日本の全域に及んでいったとはいえないまでも、すくなくともその周辺の各県に伝えられてきたといえるのではなかろうか。

もうひとつの問題点として、盆唄のせりあいということにもふれておきたい。『東洋大学大学院紀要』三十五集および三十六集における、拙論の「盆唄の伝承」にまとめておいたが、上方の京都や大坂とともに、東国の江戸や東京を中心に、ひろく東海道筋の各地から、さらに信州松本の方面まで、いずれも若い娘の仲間が、こぞって盆唄をうたいあるいたことが知られている。

江戸時代の随筆などには、江戸の町方の娘が連れだって、いっせいに盆唄をうたいあるき、ほかの群ときそいあったとしるされているが、第二次大戦の前後まで、東京の古老の一部では、そのような江戸の盆唄について記憶されていたという。

神奈川県や静岡県の東部では、街道筋の村々の娘たちが、仲間どうしで盆唄をうたって踊ったもので、特にセリアイとかコナシックラとかいって、隣村のものと悪口をいいあうこともおこなわれた。大正年間から昭和初年にかけて、この盆唄のセリアイは廃絶してしまって、戦後の一時期からは、すこしずつ盆のササラ踊りが復活しているが、もはや娘の仲間の行事とかかわりなく、老人会や婦人会を中心に演じられるにすぎない。また、名古屋の城下の娘たちも、同じように「盆ならさん」の唄をうたいあるいていたが、今日ではその唄をおぼえている方もいなくなったようである。

わずかに、信州の松本という城下町では、八月の上旬から中旬にかけて、男の子は「青山さま」のみこしをかつぎまわり、女の子は「ぼんぼん」の唄をうたいあるいている。しかし、最近では、その松本の中心街でも、町内のこどもの数が減ってきて、わずかしかいない女の子は、むしろ「青山さま」の仲間に加わりがちで、あまり「ぼんぼん」の唄をうたわないようになった。

沼津の市域の類例をあげると、風間岳南氏の『岡宮風土記考』には、沼津市岡宮の「盆喧嘩」について、

夜は両村の境で、お互いむかい合って唄で喧嘩した。男の子どもは石合戦をした。唄にはこんなのがある。

明後日は山の柴刈りにイチヨイ　こいこい小女郎帯を買ってくれる　嫌やあだお前さん帯妻ぢゃ帯妻ぢゃヨイチイ

とるされており、男の子の石の投げあいとあわせて、同じような盆唄のかけあいにもふれられている。

そのほかに、高崎譲寧・鈴木暹の両氏によって、ともに沼津市内の民謡の調査が進められて、それぞれ地区ごとの盆唄の詞曲が取りあげられていた。高崎氏の採録の分は、昭和四十九年二月から三月にかけて、旧浮島村の石川でとられて、私家版の『ふるさとの唄』に収められたものである。また、鈴木氏の採録の分は、平成三年に西椎路でとられたもので、平成四年に私家版の『沼津の民謡』二号に収められている。

この鈴木氏の採録では、明治三十二年生れの斉藤たみさんの伝承によって、盆の時に喧嘩するじゃあ、向こうの人と。やったよう。小屋敷と西沢田とね、喧嘩しるだあよう。ただねえ、

あのこら家は貧乏じゃないか　味噌漉ょを持って　ばく（麦）銭ょをもって　おら家ばくを買いに来た　買いに来た　おら家ばくを

あの子ら家は貧乏じゃないか　筵（むしろ）を蚊帳に吊りて寝る　吊りて寝る　筵を蚊帳に

何にゃあかまわなゃあ。悪口ょをゆうだあから。向こうじゃあ、向こうでこっちの悪口ょをゆうけんどねえ。こっちゃあこっちで向こうの悪口ゆうだあよ。

にさだ（西沢田）の娘は不精じゃあないか　スイカの皮を袂に入れて　あっちょを見ちゃあかじりい　こっちょを見ちゃあかじり　若い衆のまい（前）へストンと落して　やれ恥ょをかいた娘達　やれ恥ょをかいた娘達

盆盆とても　今日明日ばかり　明後日（あさって）は　山の草刈りだ　草刈りだ　明後日は山の

などというものが取りあげられていた。

私も『沼津市史』の調査にたずさわって、そのような盆唄の採録につとめたが、すでに自

分で盆唄のセリアイをおこなった人には、まったくめぐりあうことはできないで、ただ先輩から盆唄のことを聞いた人に、わずかな断片をうたっていただいただけであった。この盆唄の伝承なども、江戸から東海道を経て伝えられたものであろうが、すでに現代の人々には忘れられようとしていた。そういうわけで、さまざまな民俗の位置づけのためにも、沼津市域の資料の調査が急がれるのである。

この「咳の姥神」は、平成十三年五月二十七日に沼津市立図書館で開かれた、沼津史談会の記念講演会で講演したものにもとづいてまとめたものである。

（『沼津市史研究』十二号）

広済寺のシャブキババ

『定本柳田國男集』第二十六巻の『日本の伝説』では、各地の「咳のをば様」の事例をあげた中に、埼玉県の『入間郡誌』の記事を引きながら、

川越の広済寺といふお寺の中にも、しやぶきばばの石塔があつて、咳で難儀をするのでお参りに来る人がたくさんあつたさうですが、今ではその石がどれだか、もうわからなくなりました。しはぶきは古い言葉で、咳のことであります

と記されている。このシャブキババのことは、韮塚一三郎氏の『埼玉県伝説集成』中巻、三吉朋十氏の『武蔵野の地蔵尊』埼玉編などにも取りあげられて、かなりひろい範囲に知られているといってもよい。

現に川越市喜多町の広済寺では、山門を入って本堂にむかってゆくと、右側の小さな堂の中に、二体の石の仏がまつられている。大震災の前には、それぞれ別の堂の中に、それらの石の仏がまつられていたという。その一体は、およそ九十センチメートルほどの高さで、丸彫りの地蔵の立像であったが、その下顎の部分が短いというので、俗に「あごなし地蔵」と

よばれている。歯痛に苦しむ人は、この地蔵に願をかけては、そこにあがった楊子をいただいていって、その痛みが治ったときには、お礼に新しい楊子をあげていったが、今日では、そのような人もすくなくなったという。もう一体は、およそ七十五センチメートルほどの高さで、上下の二つの石を重ねたものであって、何の仏の姿をあらわすのか、かならずしもあきらかとはいえないが、俗に「オシャブキサマ」とよばれており、さきの「しゃぶきばば」にあたるものとみられる。喘息で苦しむ人は、この石に願をかけては、縄で頭の方をしばっておいて、その病が治ったときには、さきにしばった縄をといてやって、お礼に金米糖と煎茶とをあげるしきたりであったが、今日では、金米糖というものが手に入れにくいので、ありあわせの菓子で間に合わせている。それでも、これに願をかける人が絶えることはなく、最近では、京都などの遠方からも参りに来るということである。

『新編武蔵風土記稿』巻百六十二には、喜多町の広済寺について、

曹洞宗、多摩郡根ヶ布村天寧寺末、青鷹山慈願院と号す、寺伝によるに昔大道寺駿河守政繁当所在城の頃、世々の菩提寺として起立し、僧広庵芸長を開山とす、時に天文十七年八月廿日なり、此後芸長久しく住して天正元年六月六日寂す、政繁は同十八年七月十九日歿せり、其後上州の人本田右近親氏と云もの中興す、元和四年十一月十四日親氏歿して證真院其阿経範と謚す、其子孫は中寺山林に本田弥兵衛とて今にあり、本尊は

釈迦の像を安ぜり

と記されている。そして、この広済寺の項には、特に「嚏婆塔」の名があげられて、

石にて作る長三尺ばかり、今は形もやつれて見わかず程なり、里人痰痎を患ふるもの此塔に祈願して験を得るもの多しと云

という記事が掲げられており、この石塔がもてはやされたさまもうかがわれる。

それだけではなく、江戸時代の地誌の類には、このシャブキババのいわれにふれられたものもすくなくない。すなわち、寛延二年までに成った『川越素麵』巻二には、「嚏姥《シャブキババ》〈広済寺にあり〉」とあって、

シャブキババの石塔

昔上州厩橋出の何某といへる浪人、北町に住居せしに、或時用事ありて外え出で、夜に入り帰宅いたし、門、戸口を開け内へ入けるに、等く彼浪人の跡に付、何者とも知らず人の這り入りし足音す。誰か跡に付、内へ入りしとあたりを見るに、何事もなく人影

もなし。不思議に思ひ、焼し火を求め、台所を見れば一つの石あり。其夜は何となく片付置、翌日見れば何となく石塔などの様なりければ、俗家に置事如何とて当寺門前に移ぬ。然る処に誰となく咳嗽《セキ》の煩《ワツラヒ》に、此石を縄にてからげ置けば、病平癒する事、奇妙なりとそ。願成就の時は豆煎を手向《タムク》由。供養の心なるが、是はまさしく上州の嚏神飛来り給ふなりけりと云伝たるのみにて、正説知れ難し。近年は右の方あり〈方或は寺の誤にて寺内にありの意か〉

と記されている。宝暦三年に成った『多農武の雁』にも、「嚏姥、広済寺境内」とあって、

いつの頃か上州厩橋出生の何某と云浪人北町に住せしに、或夜外より帰る時彼浪人の跡より何者とも知らず付け来る人の足音す、内へ入りて見れ共何事もなく不思議に思ひ燃火をてらしみるに一つの石あり、其夜は何となく片付翌日見れば何とやら石塔などの様なりければ俗家に置事如何と思ひ当寺門内へ移しぬ。然るに誰となく咳嗽の煩に此石を縄にてからげ置けば病平癒する事奇なりとて成就の時は豆煎を手向る由供養の心なるか、是まさしく上州の嚏神飛来給ふならんと専ら云伝のみにて正説知る者なし、昔は門内左の方に有しが近年は右の方にあり

と記されている。また、享和元年に編まれた『武蔵三芳野名勝図絵』中巻には、「青鷹山慈願院広済寺」の項に、「嚏婆々塔、門内北方に有」とあって、

元禄之比にや上州厩橋の浪人何某由緒ありて喜多町に来り住けるに、ある時用事ありて外へ出夜に入て帰り門の戸を明け内へ入りしに、何人ともしらす彼浪人の後より付人の這入りし足音ありしかは、戸を〆あたりを見るに人影なし。不思議におもひ燈を照らし家の内を見るに長三尺程の石あり。其夜は何となく片付置き夜明けて見れは石塔之如き石なれは俗家に置難く近所なれは広済寺之境内に移し置ぬ。其後誰云となく此石に咳嗽之煩之朝に縄を以て結ひ置、咳平愈之後茶豆煎等を供す。世俗是を嚏婆々と云、上州に嚏神おはします、此神の飛来し給ふにやと云俗説取に足らすといへとも、普く里俗之膾炙するに任せ爰にのす

という記事がみられる。

それとともに、広済寺所蔵の文書として、表紙に『嗽神夢御告』と題されたものがあって、奥書に「幻住広済大棟叟代」と署名されている。この筆者の大棟和尚は、広済寺の第二十五世にあたり、弘化三年八月四日に寂した方である。その文書の本文は、

頃は天保八丁酉冬十二月廿六日の正夜半、寝室の内光明赫灼として昼の如くになり処《（ママ）》え、御丈漸五尺程ある年齢七八十程の女僧、鼠いろの衣を着し金襴の手持衣を掛来、我は当境内のしやふき神なり、和尚日頃我が縁由をしりたくよ《（ママ）》し念しおらる、奇特千万なり、我は今泉の産にて縁日は五日、供物には何を備えても納受せんとゆふ事はなし、就

中金米糖に煎茶かすきなり、且折節招請せられ俗家へ赴しとき、病の軽重により専談するに、安き事もあり又骨おる事もあるなり、此外に告ることとなし、是ゟ旧社え帰らんと告、座を立戸をあけ給ふと思ひけれは、夢たちまち覚、是を縁由となす者也
というものであった。

広済寺の第三十世にあたる、現住職の笠松楢一師は、このシャブキババのいわれについて、ほとんど何も聞いておられなかったが、その母堂の笠松総子さんは、かすかながらつぎのように聞いておられた。それによると、ある家に病弱な娘がいたが、たまたまこの石に願をかけると、すっかり元気な体になったということで、それからはオシャブキサマとしてまつっているというのである。しかし、おおかたはこの石に関するいわれなども忘れられたままで、ただこれに願をかけるしきたりだけが伝えられているといえよう。この稿をまとめるにあたって、貴重な資料をみせてくださった笠松師に、改めてお礼を申しあげる次第である。

（〝西郊民俗〟百二十八号）

宇津ノ谷の十団子

各地の民家の軒先には、疫病などの災厄をしりぞけるために、かなり多様な呪物を掲げている中に、京都の祇園の粽のような、菓子のたぐいのものを認めることができる。現在では静岡市駿河区に属するが、旧東海道の丸子宿《まりこしゅく》の西側にあたる、宇津ノ谷《うつのや》の名物の十団子《とおだんご》というのも、その顕著な事例としてあげられるであろう。

吐月峰《とげつぽう》の柴屋寺《さいおくじ》を開いた、連歌師の宗長の『宗長手記』では、大永四年六月十六日の条に、

折節夕立して、宇津の山に雨やどり、此茶屋むかしよりの名物十だんごと云、一杓子に十づつ、必すめらうなどにすくはせ興じて、夜に入て着府。

としるしているが、そこでは、「昔よりの名物」として、宇津の山の十団子を取りあげており、茶店の女がみごとな手さばきで、一杓子に十個ずつこれをすくっていたことを示している。

また、山科言継の『言継卿記』では、弘治二年九月二十四日の条に、

宇津之屋とて里有之、かりていの供物、数十の名物有之云々。

とあって、やはり宇津の山を越えるにあたり、名物の十団子を食べたことがうかがわれる。

さらに、連歌師の紹巴の『富士見道記』でも、永禄十年五月十二日の条に、

関の戸近き鳥の子を十づつ重ねあぐる術よりもあやしき名物なり。（俗言に団子と云々。）

としるして、この十団子をすくうことにふれている。

また、茶道の小堀遠州の『辛酉紀行』でも、元和七年の九月二十六日の条に、同じ宇津の山の記事として、

此里を見れば、白き餅の丸雪のごとく成を器に入て、是めせと云。とへばとふ団子迚、此里の名物なりと云。扨は、もろこしより渡りたる餅にやあむなるといふ。さにはあらず、十宛杓によりて、とを団子とかたる。さらばすくはせよといへば、あるじの女房手づからいひかひとりて、心のままにすくふ。是に慰て、暮にけれ共、うつの山にかかる。

とあって、やはり十団子をすくうさまを取りあげている。

くだって、浅井了意の『東海道名所記』では、宇都の山のくだりに、

坂のあがり口に茅屋四五十家あり。家ごとに十団子を売る。其大さ赤小豆《あづき》はかりにし

て、麻の緒につなぎ、いにしへは、十粒を一連ねしける故に、十団子などいふならし。

というように、数十軒の店屋で十団子を売るさまをしるしている。

さらに、曲亭馬琴の『羇旅漫録』でも、「宇都の山」の項をもうけて、

宇都の山の十団子《とをだんご》は、豆粒《まめつぶ》ほどの餌《だんご》を、麻糸《あさいと》もて十づつつらぬき、五連《ごれん》を一トかけとす。土人の説に、峠《とうげ》に地蔵菩薩《ちそうぼさつ》のたたせ給ふ。このみほとけの夢想によりて、十団子を製し小児に服《ふく》さしむれば、万病癒《まんびやういゆ》といふ。

としるして、

団子のかたち数珠に擬するにや。その製もまたふるし。

という割注を加えている。

新庄道雄の『修訂駿河国新風土記』では、巻九の「有渡郡一」の「十団子」の項に、

此所の名物に十団子《とうだんご》といふ物をうる、かたち大豆の如くにもちをまろめて十粒づつ糸に貫きて、其さま珠数に似たり、土俗のつたへに、むかし此山に鬼神すミて人をなやます事あり、里人これに困しみなげく、時に一人の高僧通りかかり、此事を聞て法を修して鬼神を調伏し、秘符を以て是を封じ、地蔵の尊像を安置して是を鎮む、珠数を持たらん人は此悪鬼乃害に逢ふべからずとて、珠数にかたどりて団子をつくりて諸人にこれを持しむ。其遺風今に伝へ此所の名物としてこれをうる、世にこれを魔除といふといへり、

とあって、『宗長手記』などの記事を引いて説かれている。

もともと宇津ノ谷峠の東西には、それぞれ一体ずつの地蔵がまつられてきた。その西側の地蔵は、旧東海道の分岐点にあたる、坂下の地蔵堂にまつられている。それに対して、東側の地蔵の方は、もともと宇津ノ谷の峠にあったのが、明治末年に集落内の慶龍寺に移されたという。

『駿府巡検記』『駿河めぐり』『駿国雑志』などには、坂下の地蔵堂のいわれとして、素麺地蔵にかかわることがしるされていた。それに対して、もう一つの地蔵については、元禄十六年の『駿府巡検帳』に、

右ノ地蔵堂ノ来歴尋ルト云ヘトモ更不詳

としるされていたが、木村文輝氏の『宇津ノ谷峠の地蔵伝説』に引かれたように、静岡県立中央図書館には、『東海道宇津之谷峠地蔵大菩薩畧縁起』の版本が所蔵されており、また今日の慶龍寺でも、この系統の『駿河国宇津之谷延命地蔵尊略縁起』というものが配布されている。それによると、平安時代の貞観年間に、在原業平が東国へ下るにあたり、この峠の鬼が人を悩ますと聞いて、下野国宇都宮の素麺谷の地蔵に祈ると、この地蔵が旅僧のすがたであらわれて、その鬼を十粒のかけらに砕いて、ただ一口に呑みこんで、行路の難を除いてくれたという。そこで、峠に地蔵尊をまつって十団子を供えるとともに、道中安全のためにこ

れを食べ、またもちあるくように告げられたというのである。

なお、『東海道名所図会』巻四では、岡部から丸子にいたる宇津山のくだりに、

路《みち》も鮮《あざやか》にして、段々下《くだ》るに、遂《つひ》に宇津谷嶺《うつのやたうげ》の東なる、十団子《とをだんご》の名物の茶《さ》店《てん》の傍《かたはら》、たひら橋《はし》といふ圯橋《つちはし》の東爪《ひがしつめ》に出でたり。

としるしており、平橋の傍に十団子の店があったことを示している。いずれにしても、それぞれの年代によって、その店のさまは変りながらも、この宇津ノ谷の地では、なんらかのかたちで十団子を売ることが続けられてきたといってもよい。実際に、終戦の前後までは、その近辺の家々で十団子を売っていたことが記憶されている。

慶龍寺の境内

現に宇津ノ谷の集落には、曹洞宗の慶龍寺があって、本堂の正面の厨子には、延命地蔵尊の石像がおさめられているが、二十一年ごとの本開帳と十一年ごとの中開帳とのほかは、その扉を開いて拝ませることはない。毎年八月二十三日から二十四日にかけて、この地蔵尊の縁日がいとなまれており、静岡の市内から岡部町や藤枝市など、かなりひろい範囲にわたって、初盆の供養などに参りにくるものがすくなくない。本堂の地蔵の前では、それらの参詣者のために、くり返し読経をいとなんでいるが、また左手の賽の河原にも、いくつかの地蔵の石像があって、しきみをあげて参ってゆくのである。その本堂の一隅では、お札とともに十団子をわけているが、この縁日にさきだって、宇津ノ谷の有志の婦人が集って、そのための十団子をととのえるのである。なお、地元の宇津ノ谷の御羽織屋でも、慶龍寺とは別に十団子をつくっており、一年を通じていつでもこれをわけている。

この地の十団子というのは、芭蕉門下の森川許六の句に、

十団子も小粒になりぬ秋の風

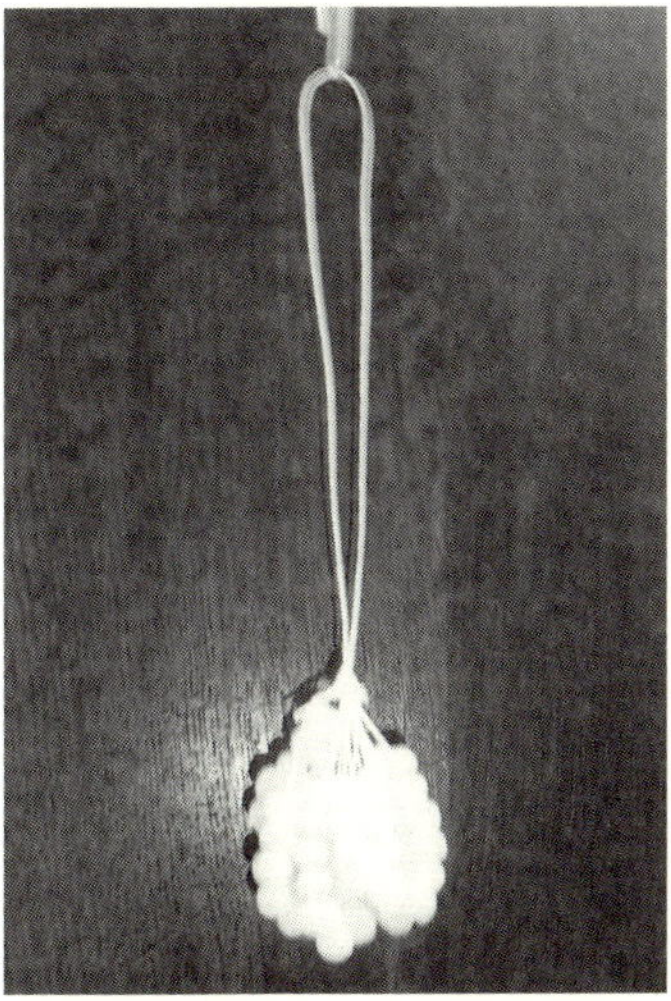

慶龍寺の十団子

と詠まれたように、豆粒ほどの団子を十個ずつ麻糸に通して、数珠のようにつなげたものであって、それを九本ずつ集めてしばったものである。おもに厄除けのお守りとしてもてはやされており、近辺の民家の門口には、魔よけとしてこれをつるしているものがすくなくない。なお、そのような現行の十団子は、すべて門口の守りにあてられており、特に食べるものとは考えられていないが、戦後のある時期までは、それよりもいくらか大ぶりのものが、実際に食べるためにつくられていたという。

そういうわけで、宇津ノ谷の十団子だけが、ひさしくもてはやされてきたが、そのほかの地にも、同じ名のたべものが、まったく伝えられていないわけではない。同じ静岡の県内でも、伊豆の国市の韮山では、南条の竈神社というのが、韮山荒神という名で知られている。正月二十八日から二十九日にかけては、この韮山荒神の祭りでにぎわうのであるが、その参道の露天商の中には、名物の十団子を売るものがみられる。この地の十団子というのは、もともと米の粉でつくったものを染めて、扇形にひろげて竹串にさしたものであったが、今では飴ばかりのものになってしまったという。沼津市真砂町の山口家で、この形のものをつくっているとうかがった。そのほかにも、十団子を売るところはなかったか、これからもたずねてみたいと思っている。

(『和菓子』二十二号)

七福神の伝承

新しい年の初めにあたっては、わざわざ福の神に参らないまでも、やはりすばらしい福を願うことがすくなくないようである。たとえば、かなりひろい範囲にわたって、年男が若水を汲むのに、「福ドンブリ、徳ドンブリ」とか、「福汲む、徳汲む、さいわい汲む」とかいうように、めでたいことばを唱えるならわしがゆきわたっている。京都市や大阪市を中心に、正月の鏡餅や供え物による、雑煮や雑炊のたぐいが、ともに福沸《ふくわか》しという名で知られており、山口県から福岡県などにかけて、それと同じような晴れの食物が、福入りの雑煮や雑炊として伝えられていた。山口麻太郎氏の『壱岐島方言集』によると、この福入りの雑炊をつくるのに、神前で「福入れ、福入れ」と唱えながら、擂鉢《すりばち》で味噌を擂ったということである。さらに、岡山県笠岡市の北木島では、大晦日の夜の行事として、男の子が弓張り提燈を振りながら、海にむかって「福やござれ、よろずの宝は、舞いこめやあ、舞いこめやあ」と叫び、浜辺を行ったり来たりしてから、門口で「福さんをよんできたぞう」といって、そのまま家の中に入ってしまうことがおこなわれていた。

いっそう顕著な伝承としては、奈良県の東山中や伊賀盆地における、フクマル迎えという行事をあげることができよう。近畿民俗学会の『近畿民俗』二十一号に掲げられた、林宏氏の「フクマル迎え行事資料」にも示されたように、地域ごとにすこしずつ異なる形をとってはいるが、いずれも大晦日の夜にフクマルを迎えるというものであった。たとえば、山辺郡の旧波多野村では、松明《たいまつ》をもって「フクマルコッコ」と唱えながら、村はずれの辻などに行って、藁にその火をうつして燃やすとともに、譲り葉に飯を盛ってあげるのである。それから、川原などで丸い石を拾って帰ってくるが、門口では「ようきてくださった」といって出むかえて、箒で福を掃きよせることがおこなわれる。それとともに、松明の火をもち帰ったもので、いろりの火をきり替えて、神々に燈明をあげるならわしも知られている。このフクマルの正体は、かならずしもあきらかとはいえないが、しばしば犬の名のように考えられており、上野市の旧花垣村では、フクマルという犬が、金の糞をのこして死んだと伝えられるだけではなく、また同市の旧中瀬村では、コガネという虫が、金の糞をのこしてゆくとも伝えられている。

さまざまな昔話によっても、そのような年のかわりめに、何かしら異形のものがおとずれてきて、思いがけない福をもたらすと信ぜられたことがうかがわれる。「大歳の客」とよばれる昔話では、同じ大晦日の夜に、ものごいのような見すぼらしい人が、ある貧しい家に泊めてもらって、そのまま金と化してしまったと語られており、さきのフクマルと共通のモティーフをそなえたものといえよう。「大歳の火」とよばれる昔話では、心のすなおな嫁などが、見しらぬ人から火種をわけてもらって、そのかわりに棺桶を預かってやったが、そこから小判を手に入れたと語られており、やはりそれらと一聯の伝承に属するものとみられる。別に「大歳の亀」という昔話もあって、龍宮に薪をさしあげたおかげで、ものをいう亀を見つけだして、すばらしい大金をもうけたように伝えられている。

「龍宮童子」の系統の昔話では、年の暮に限られるわけではないが、水の中に薪や花を投げこんだことから、お礼に龍宮まで招かれて行って、みやげに男の子をもらってきて、何でも願いをかなえてもらったと語られている。この龍宮からもらった子は、たいがいはウントクやヨゲナイやトホウなどという、いかにもむさくるしい名をつけられており、いつでも鼻水やよだれを垂らしながら、つぎつぎにすきなものを出してくれたというが、また犬や猫や鶏などのような動物としてもあらわれており、食べただけ金の糞をひり出したというような伝承をともなっている。

古来の文献の中には、何となく気味のわるい印象を与えるものが、どこかよその世界からおとずれてきて、一方でおそろしい災厄をもたらすとともに、他方ではすばらしい福徳をもたらしたという記事はすくなくない。『日本書紀』の皇極天皇三年七月の条には、東国の不《ふ》尽河《じかわ》のほとりに、「此は常世の神なり。此の神を祭る者は、富と寿とを致す」と称して、蚕のような虫を祭ることを勧めるものがあらわれて、「都鄙の人、常世の虫を取りて、清座に置きて、歌ひ儛ひて、福を求めて珍財を棄捨つ」というさまであったと記されている。

平安時代の都市の生活では、御霊の系統に属する疫神が、きわめて多くあらわれてくるのであるが、『本朝世紀』の天慶八年七月二十八日の条には、「従東西国、諸神人入京」というわさが流れており、それが「志多羅神」「小藺笠神」「八面神」などとよばれていたという記事もみられる。また、『百錬抄』の応徳二年七月の条には、「東西二京諸条、毎辻造立宝倉、鳥居打額」と記されているが、その銘に「福徳神」「長福神」「白朱社」などと書かれていたともいうことである。当時の流行神の中には、ただ御霊や疫神などというものだけではなく、あきらかに福神と称するものも含まれていたといえよう。

現行の民俗によっても、エビスと称する神は、災厄と福徳との両面にかかわって、かなり複雑な性格をそなえていたことが認められている。それについては、桜田勝徳氏の『漁人』に掲げられた、「漁村におけるエビス神の神体」に、石や浮子や死人や魚など、この神のさまざまな形態を示しながら、多くは海から出現するものと説かれたとおりである。さらに、波平恵美子氏の『ケガレの構造』にも、「水死体をエビス神として祀る信仰」があって、一般に海上の生活を通じて、死の穢《けが》れがきびしく忌まれているのに、特に水死体がエビスとしてまつられると、かならず豊漁をもたらすと信ぜられることをあげて、もともとエビスという神は、他界から此界へと境界を越えてくるものであって、いわば境界性ないしは両義性をそなえていたので、たやすくケガレからハレへの転換を遂げるのだと論ぜられている。

実際に、ひろく各地の類例を集めてみると、肝心の水死体そのものは、多くは流れ仏などとよばれており、特別な作法によってあつかわれているが、本当は穢れたものであって、何かしら危険を招きやすいものと認められていたといえよう。東京都下の伊豆の八丈島では、龍宮の乙姫が水死体に抱きついているので、これをふんだくって引きあげるのであるが、そのようにして引きあげたものは、かならず海で死ななければならないと伝えられる。それにもかかわらず、わざわざそのような流れ仏を迎えてきて、自分の家の墓に葬るとか、また漁の神としてまつるとかいうことがおこなわれている。福岡県宗像郡玄海町の鐘崎などでは、これを自分だけのエビスにするために、ひそかに隠してまつっていたと伝えられており、あえてたたりやすい神霊と縁を結んで、ことさらにその激しい威力をいかそうとしたものとみられる。摂津の広田社の摂社で、西宮の夷社として知られるのも、もともとそのようなあらぶる神であって、やはり海辺に寄りついたものと伝えられるのである。

このエビスのほかにも、外来の仏教の影響をこうむって、毘沙門天、弁才天、大黒天のような、もともとインドの神にあたるものが、同じような福の神としてあがめられたことは注目される。それらの天部に属するものは、おおかたはあらぶる神であって、しばしば厄難をもたらすとともに、また福徳をも授けると考えられたといえよう。

ここに毘沙門天というのは、別に多聞天ともよばれており、四天王の随一として、北方の守護神にあてられていたが、そのさかんな威勢をもって、怨敵《おんてき》の調伏《ちょうぶく》にあたるものとあがめられただけではなく、また災難や病患を除いて、福徳や富貴を授けるものとも信ぜられたのである。洛北の鞍馬の毘沙門天などは、『今昔物語集』などの説話にもうかがわれるように、早くから授福の神として知られたものであった。

つぎの弁才天というのは、のちに「弁財天」とも記されたように、インドの川の女神として、音楽や弁舌をつかさどっていたのが、福徳や財宝を授けてくれると信ぜられたものであって、しばしば龍蛇の姿とも結びつけられて、おおむね水のほとりにまつられている。近江の竹生島の明神などは、宇賀神または弁才天にあたると説かれており、早くから都人の尊信を集めてきたものとみられる。

もう一つの大黒天というのは、もともと摩訶迦羅という天部にあたるもので、三面六臂や一面八臂のおそろしい姿をもって、悪魔を降《くだ》して仏法を守る神と信ぜられていたのが、また寺院の厨房などにまつられるとともに、むしろ一面二臂のおだやかな形をとって、もっぱら福徳を授ける神とあがめられるようになった。特に比叡山の三面大黒天というのは、この大黒天に多聞天と弁才天とをあわせたというもので、一山の衆徒の糧食を守るために、開山の伝教大師によってまつられたと伝えられる。そのような福の神としての大黒が、のちには大國主命との習合を遂げることによって、頭にゆるやかな頭巾をかぶり、肩に大きな袋をかつぎ、手に宝の槌をとって、足で米の俵をふまえ、そばに使いの鼠を従えるというように、あの独特の形につくりあげられて、ひろい範囲に受けいれられていったのである。

ところで、各地の小正月の行事には、異様な姿によそおいながら、村の家々をおとずれるものがあって、従来の民俗学の研究では、「常世のまれ人」として取りあげられてきた。たとえば、秋田県の男鹿半島などでは、旧暦の正月十五日の夜に、それぞれの村の若者が、こわそうな鬼の面をかむり、ことごとしいケダシや蓑をまとい、大ぶりの刃物のようなものをかざして、「ウォーウォー」という大きな声をあげながら、あらあらしく家の中にまで入りこむと、「悪だれわらしいねが」「いっしょけんめい稼ぐか」などとどなって、こどもや若嫁などをふるえあがらせたものである。これがナマハゲとかナモミハギとかよばれるのは、いつも火にばかりあたっていて、ナモミという火斑をつくっていると、それをはぎ取るぞとおどかしたためとみられる。そのほかに東日本の各地では、スネカ、カセドリ、チャセゴなどといい、西日本の各地では、コトコト、トロヘイ、カユツリなどといって、同じ小正月の夜に、さまざまな変装をほどこしたものが、村の家々をたずねてまわり、餅や銭をもらいあるくという例はすくなくない。

さらに、九州以南の諸島では、そのような小正月の訪問者ではないが、薩摩諸島の八朔メンやボジェ、八重山諸島のマユンガナシやアカマタ・クロマタなどのように、やはり節がわりの時期にあらわれ、あやしげな仮面や装束でよそおって、多くの村人に恐れられるものがあって、本土のナマハゲなどの事例ともくらべられるのである。それらのおとずれ神の性格については、下野敏見氏の『南西諸島の民俗Ⅱ』に説かれたように、本来は危害を加える悪神であったものが、しだいに祝福を与える善神に変ってきたのではないかと考えられる。

関東地方や中部地方の一部では、小正月の顕著な行事として、トンドやサギチョウなどという火祭りが、おもに道祖神の祭場でおこなわれるだけではなく、しばしば道祖神の来訪をもともなっており、さきのおとずれ神の一端に位置づけられるであろう。たとえば、山梨県富士吉田市新屋では、正月十四日のドンドン焼きがおわれると、道祖神が顔をかくすのになぞらえて、数人の若い衆の仲間が、ハンテンを裏返しにかぶりながら、「オオカタぶてや、オオカタぶてや、オオカタ出せや、ガンガラガンのガン」などとはやして、新婚の夫婦のいる家をおとずれて、その主人から祝いの金を受けとるのであるが、たいがいは「お直しなんしょ」などといって、つぎつぎにその額をふやしてもらうことがおこなわれている。

そのような道祖神のまつりにあたって、七福神のねりこみをともなうものも知られている。中巨摩郡敷島町下福沢では、正月十四日のドンド焼きがおわると、神主や巫女や獅子を先に立てて、樽神輿《たるみこし》や宮屋台などを後に従えながら、派手な衣裳をつけた厚化粧の七福神が、厄年や新婚や新築にあたる家にねりこんで、それぞれに祝いの口上をのべたてるのである。そういうわけで、ある特定の範囲に限っても、さきに示した悪神から善神へという、おとずれ神の展開の過程をたどることができよう。

ところで、そのような福神に関する藝能は、それぞれの地域の若者やこどもだけではなく、おおかた専業の藝能者によってになわれていたといえよう。さかのぼって、『御湯殿上《おゆどのうえの》日記《にっき》』の永禄四年二月十七日の条には、「なかはしまて、さかゑひすまいりて、御たちいつる」と記されており、五条の坂の者と称する藝能者が、清涼殿から紫宸殿に通ずる長橋の上で、鯛を釣るという演技をおこなったものと解されている。それとともに、同じ『御湯殿上日記』の中には、永禄から慶長にかけて、「ゑびすかき」に関する記事が、二十余ヶ所も掲げられており、むしろ傀儡子《くぐつ》の藝にあたるものと認められる。さらに、江戸時代の初頭からは、西宮の夷まわしというものが、「西の宮の恵比須三郎左衛門の尉、生れ月日は何時ぞと問へば、福徳元年正月三日、寅の一点まだ卯の時になるやならずに、やつすやつすと御誕生なあされた」などというように、この神のおいたちをのべたてることによって、その信仰の流布にあずかったものとみられるのである。

大黒の関係の藝能については、『御湯殿上日記』の永禄五年正月四日の条に、「大こくせんすまんさいまいる。五人まいる」と記されており、『言継卿記《ときつぐきょうき》』の永禄十一年正月四日の条に、「禁裏千秋万歳（大黒五人）祝言申之」と記されているように、室町時代における京都の唱門師は、正月四日に宮中に参って、さまざまな祝福藝を演じた中で、そのような大黒舞を舞っていたと知られる。『大悦物語』または『大黒舞』という草子には、この大黒舞の詞章が取りあげられており、「一にたわらふまへ、二つににつことわらふて、三にさけつくりて、四つ世の中よゐやうに、五ついつものことくに、六つむひやうそくさいに、七つなにとないやうに、八つやしきをひろめて、九つくらをたてならへ、十てとうとおさまる御代こそ、めてたかりけれ」というように、すでに数え唄の形式にととのえられている。はるかに後代まで、この系統に属する大黒舞は、おもに門付けの藝能者によって演ぜられて、ひろく年頭の祝福藝として迎えられたのである。

そういうわけで、さまざまな福の神のイメージは、それらの藝能の趣向を通じて受けいれられたように思われる。それがエビスと大黒とに限られなかったことは、『看聞御記《かんもんぎょき》』の応永二十七年正月十五日の条に、伏見御所の三毬杖《さぎちょう》の行事にあたって、「地下村々松拍参」と記された中に、山村の風流の趣向として、「布袋、大黒、夷、毘舎門等」が掲げられたこと

呼売《よびうり》七福神宝船　明和年間（1764〜72）
江戸本材木町一丁目地本問屋西宮新六発行

にもうかがわれる。いっそうあきらかな事例として、大蔵流の狂言風流の三十番には、「毘沙門の風流」「大黒の風流」「夷の風流」「弁才天の風流」が含まれており、和泉流の狂言風流の三十一番には、「大黒の風流」「毘沙門の風流」「福神の風流」が含まれていたと知られる。また、能狂言の祝言物の中にも、「夷大黒」「大黒連歌」「連歌毘沙門」「夷毘沙門」「竹生島参」などのように、それらの福神のあらわれる演目がすくなくないのであるが、いわゆる七福神のような形態がととのっていたわけではない。

それに対して、現に各地の民俗藝能を通じて、この七福神のそろったものが、かなり多く伝えられているが、わけても、さきの千秋万歳の系統については、そのような趣向をそなえたものが、もっとも著しく認められるのである。たとえば、越前万歳の「宝づくし」または「七福神」というのは、「元日の朝より、宝づくしの御船に、各々とりて給ひつつ、四方の港へ着き給ふ、其の七福の数数を、七番の万歳と祝ひ寿ぎ奉る」と語りだして、つぎつぎに七福神の宝の数々をあげてゆくというものであった。その万歳の詞章のように、海のかなたからおとずれる神々が、すばらしい宝をもたらすと考えられたわけである。

悪霊や疫神のたぐいが、しばしば群をなしておとずれると信ぜられたように、この福神に属するものも、やはり連れだってあらわれると考えられたのであろうが、それほど早い時期から、いわゆる七福神のような形がきまっていたわけではなくて、いくとおりもの組みあわせを通じてととのってきたものと思われる。さきにもふれたように、比叡山で三面大黒天と称してあがめられたのは、大黒天に多聞天と弁才天とをあわせたものであるが、たまたまこのたび、薬師寺の毘沙門天像の胎内から見いだされたのは、正平年間の『金光明最勝王経』の裏面に、ほぼ現行の福神の形態をそなえた、毘沙門天と大黒天とが摺られたものであったという。

さらに室町時代の中期には、エビス・大黒の二神が、あきらかに一対の福神としてまつられたことは、「夷大黒」という狂言に、西宮の夷三郎とともに、比叡山の三面大黒天があらわれて、「三郎殿と我は一所に有もの成れば、ともども楽しうなしてとらせうとおもひ」などと告げていることにもうかがわれる。また、『かくれ里』という草子では、西宮の恵比須三郎と比叡山の三面大黒天とが、それぞれ四条室町の恵比須町と二条河原町の大黒町とに陣どって、たがいに激烈な合戦に及ぼうとしたのであるが、さいわいにも布袋和尚の仲裁でおさまったというのであって、やはりそれらの二神の関係にもとづいて作られたといえよう。

それから、江戸時代の初期にかけて、そのようなエビスと大黒とを中心に、いわゆる七福神の形成にむかうのであるが、その間の事情については、それほど確実に知られているとはいえない。『梅津の長者』という草子には、梅津の右近のせうが、福の神の加護によって、すばらしい栄華をきわめたと語られるが、その伝本の別に応じて、福の神の種類が異なっているのは注目される。すなわち、梅若六郎氏蔵の絵巻などでは、西宮の夷三郎を中心に、本地弁才天の稲荷大明神と、鞍馬の毘沙門天とがくわわって、多くの貧乏神をしりぞけたというだけであった。それに対して、岩瀬文庫蔵の絵巻などでは、それらの三神のほかに、大黒天、寿老人、福禄寿、布袋の四神も集まって、にぎやかな酒宴をもよおしたように作られており、今日の七福神にあたるものがそろっていたと認められる。

それにしても、肝心の七福神のはじまりは、かならずしも明確にはとらえられないのであるが、喜田貞吉氏の『福神の研究』に示されたように、『仁王護国般若波羅蜜経』の受持品には、「七難即滅七福即生」などと説かれており、この七という聖数にあわせて、おもに絵画の材料にふさわしいものが求められたように思われる。実際に『三養雑記』などには、そのような七福神の図が、初めに狩野家でえがかれてから、しだいに世間にもてはやされたと記されている。しかも、『日本七福神伝』や『書言字考』によると、この七福神のメンバーの中には、寿老人のかわりに吉祥天や猩々がくわえられており、今のような七福神の組みあわせが、初めからきちんときまっていたとは思われない。

現行の七福神の中でも、さきにあげた四神を除くと、そのほかの三神にあたるものは、すくなくとも日本の国内では、あきらかな信仰の対象と認められたとはいえない。布袋と福禄寿と寿老人とは、中国における高士というようなもので、禅僧などの好んだ画題としてあげられるものである。この布袋とよばれるのは、後梁の禅僧の契此《かいし》というもので、もともと弥勒の化身と信ぜられていたが、現に南島の豊年祭などに、あの独特の姿であらわれて、ミロクという名でよばれるほかは、宮田登氏の『ミロク信仰の研究』にもうかがわれるように、そのまま独立した神としてはあげられておらず、あきらかに弥勒の下生とも結びつけられてはいない。また、福禄寿と寿老人というのは、ともに南極星の化身と説かれているが、日本の常民の間では、やはり信仰の対象としてあがめられるものではなかった。いずれにしても、いわゆる七福神のイメージは、さきの藝能の趣向とともに、それらの絵の図柄を通じて定まってきたとみられる。

すでに室町時代には、将軍家の嘉例として、めでたい初夢を見るために、わざわざ宝船の絵をととのえて、枕の下にこれを敷くことがおこなわれたが、さらに江戸時代を通じて、公家や武家はもとより、神社や寺院などからも、それぞれ宝船の絵を出しており、また江戸の町方では、大声で「おたからおたから」とよばわりながら、にぎやかに宝船の絵を売るものさえあらわれてきた（169ページ挿図参照）。

その宝船の図柄というのは、もっとも古風な形式によると、わずかに稲穂だけをのせており、または米俵だけを積んでいたものであるが、打出の小槌、隠れ蓑笠、松竹、鶴亀など、さまざまな宝物をかき加えて、大黒、エビス、毘沙門、弁天、福禄寿、寿老人、布袋というように、いわゆる七福神をそろえることによって、ほぼ一定の形式に落ちついたものとみられる。何よりも、そのような宝船の絵によって、ただエビスとよばれる神だけではなくて、そのほかの六つの福の神までが、いずれも海のかなたからおとずれてきて、ゆたかな富をもたらしてくれると信ぜられたといえよう。

江戸時代の後期に至って、正月の行事としての七福神参りが、まず文人の仲間によって始められて、しだいに世間の人々に受けいれられていった。この七福神参りの流行は、かならずしも共同体の繁栄とはかかわりなく、むしろ個人の幸福だけを願ったものとみられる。しかも、西国三十三ヶ所の巡礼、四国八十八ヶ所の遍路などのように、多くの神仏を拝んであるくことによって、大きな利益にあずかろうとする信仰は、いっそう早い時期からあらわれており、正月の初参りなどにも、いくつかの寺社をめぐるという傾向が、きわめてひろい範囲にわたって認められる。

それだけではなく、民間の正月の行事の中には、福島県のいわき市などで七つの鳥小屋に参り、徳島県の各地で七つの鳥居をくぐり、南九州の一帯で七所の雑炊をもらいあるくというように、わざわざ七という聖数に従うようなものがすくなくないのである。正月の七福神参りというのは、そのような七小屋参り、七鳥居、七所雑炊などと、ほとんど同じ動機にもとづくものではなかったであろうか。

天明四年の刊行になるという、四方山人《よもさんじん》の『返々目出鯛春参《かさねがさねめでたいはるまいり》』には、「われしちふくのかみまいりのせんだつとなりて、大ふくてうしやとならんもの」というので、江戸市中の七福神の巡拝を試みたように作られている。それによると、深川の夷の宮、本所五百羅漢の布袋、向島の白髭大明神（寿老人）、上野池之端の弁才天、小石川伝通院の大黒天、麹町善国寺の毘沙門天というように、六つの福の神を参りあるいたけれども、どうしても福禄寿だけは探しあてられないので、星ヶ岡から南極星を拝んですませたというのである。

それについで、『享和雑記』巻四には、「近頃正月初出に七福神参りといふ事始りて、遊人多く参詣する事となれり」とあって、不忍の弁才天、谷中感応寺の毘沙門、同所長安寺の寿老人、日暮の里青雲寺の恵比須・大黒・布袋、田畑西行庵の福禄神などがあげられているが、七福神参りのコースも、いくらかととのってきたように思われる。しかも、『遊歴雑記』三編巻上の「御府内七福人方角詣」、『百草』巻一の「七福神順路」などには、それぞれ別の寺社の七福神があげられたように、初めからその巡拝のコースがきまっていたとはいえない。

そういういくつかの試みを通じて、谷中や向島や深川などのような、現行の七福神参りのコースができあがっていったとみられる。もっとも、実際には、福禄寿と寿老人とが、むやみにどこでも得られなかったために、そのような七福神の組みあわせも、それほどたやすくはきめられなかったようで、むしろごく近年にいたって、「何々七福神」と称するものが、かなり急激にふえてきたものとみられる。そういうわけで、いわゆる七福神そのものは、それぞれの時代の流行神にすぎなかったかもしれないが、古来の信仰パターンにかなっていたために、ひろく日本人の支持を受けることができたといえよう。

七福神めぐり　案内（抄録）

コース名	えびす神	大黒天	毘沙門天	弁財天	福禄寿神	寿老人	布袋尊	備考
奥州仙台七福神（宮城県仙台市）	**藤崎えびす神社**（一番町）	**秀林寺**（北山）	**満福寺**（荒町）	**林香院**（新寺）	**鈎取寺**（鈎取）	**玄光庵**（通町）	**福聚院**（門前町）	東北最初
上州七福神（群馬県）	**珊瑚寺**（勢多郡富士見村石井）	**善宗寺**（太田市只上）	**柳沢寺**（北群馬郡榛東村）	**興禅寺**（勢多郡赤城村）	**正円寺**（前橋市堀之下町）	**長松寺**（北群馬郡吉岡村）	**霊山寺**（甘楽郡下仁田町）	伝天海和尚創設 昭和51年再興
武蔵野七福神（埼玉県）	**飯能恵比須神社**（飯能市飯能）	**長泉寺**（入間市豊岡）	**浄心寺**（飯能市矢颪）	**円照寺**（入間市野田）	**円泉寺**（飯能市平松）	**観音寺**（飯能市山手町）	**金乗院**（所沢市上山口）	戦後創設
谷中七福神（東京都）	**青雲寺**（荒川区西日暮里）	**護国院**（台東区上野公園）	**天王寺**（台東区谷中）	**不忍池弁天堂**（上野公園）	**東覚寺**（北区田端）	**長安寺**（台東区谷中）	**修性院**（荒川区西日暮里）	江戸最古
隅田川七福神（東京都墨田区）	**三囲神社**（向島）	**三囲神社**（同上）	**多聞寺**（墨田）	**長命寺**（向島）	**向島百花園**（東向島）	**白髭神社**（東向島）	**弘福寺**（向島）	文化年間
浅草名所七福神（東京都台東区・荒川区）	**浅草神社**（三の輪）	**浅草寺**（浅草）	**待乳山聖天**（浅草）	**吉原神社**（千束）	**今戸神社**（今戸） **矢先神社**（松ヶ谷）	**石浜神社**（南千住） **鷲神社**（千束）	**橋場不動院**（橋場）	江戸時代創設 昭和52年復活
深川七福神（東京都江東区）	**富岡八幡宮**（富岡）	**円珠院**（平野）	**竜光院**（三好）	**冬木弁天堂**（冬木）	**心行寺**（深川）	**深川神明宮**（森下）	**深川稲荷神社**（清澄）	昭和45年復活
日本橋七福神（東京都中央区日本橋）	**椙守神社**（堀留町）	**松島神社**（人形町）	**末広神社**（人形町）	**水天宮**（蠣殻町）	**小網神社**（小網町）	**笠間稲荷神社東京別社**（浜町）	**茶の木神社**（人形町）	昭和51年復活
元祖山手七福神（東京都）	**滝泉寺**（目黒区下目黒）	**大円寺**（目黒区下目黒）	**覚林寺**（港区白金台）	**蟠竜寺**（目黒区下目黒）	**妙円寺**（港区白金台）	**妙円寺**（同上）	**瑞聖寺**（港区白金台）	江戸時代

新宿山手七福神（東京都新宿区）	**鬼王神社**（歌舞伎町）	**経王寺**（原町）	**善国寺**（神楽坂）	**厳島神社**（東大久保）	**永福寺**（新宿）	**法善寺**（新宿）	**太宗寺**（新宿）	昭和初期創設
東海七福神（東京都）	**荏原神社**（品川区北品川）	**品川神社**（品川区北品川）	**品川寺**（品川区南品川）	**磐井神社**（大田区大森北）	**浜川神社**（品川区南大井）	**一心寺**（品川区北品川）	**法禅寺**（品川区北品川）	昭和7年制定
亀戸七福神（東京都江東区亀戸）	**香取神社**	**香取神社**	**普門院**	**東覚寺**	**天祖神社**	**常光寺**	**龍眼寺**	戦前創始
横浜磯子七福神（神奈川県横浜市）	**宝積寺**（磯子区上町）	**金剛院**（磯子区岡村）	**真照寺**（磯子区磯子）	**金蔵院**（磯子区磯子）	**弘誓院**（南区曙町）	**宝生寺**（南区堀ノ内町）	**密蔵院**（磯子区滝頭）	大正中頃創始 戦後再興
鎌倉・江の島七福神（神奈川県）	**本覚寺**（鎌倉市小町）	**長谷寺**（鎌倉市長谷）	**安養院**（鎌倉市大町）	**江島神社**（藤沢市江の島） **鶴岡八幡宮**（鎌倉市雪ノ下）	**御霊神社**（鎌倉市坂ノ下）	**妙隆寺**（鎌倉市小町）	**浄智寺**（鎌倉市山ノ内）	昭和57年創設
信州七福神（長野県）	**大宮熱田神宮**（南安曇郡梓川村）	**東光寺**（南安曇郡穂高町）	**長興寺**（塩尻市洗馬）	**専称寺**（松本市新村）	**宗林寺**（東筑摩郡明科町）	**兎川霊瑞寺**（松本市里山辺）	**盛泉寺**（東筑摩郡波田町）	昭和53年開設
伊那七福神（長野県）	**西岸寺**（飯島町本郷）	**常泉寺**（中川村大草）	**蓮華寺**（高遠町的場）	**光前寺**（駒ヶ根市赤穂）	**聖徳寺**（飯島町田切）	**蔵沢寺**（駒ヶ根市中沢）	**常円寺**（伊那市山本町）	昭和57年創設
遠州七福神（静岡県）	**官長寺**（小笠郡浜岡町佐倉）	**法雲寺**（磐田市向笠西）	**増船寺**（榛原郡御前崎町）	**松秀寺**（磐田郡浅羽町）	**福王寺**（磐田市城之崎）	**極楽寺**（周智郡森町）	**永江院**（掛川市下垂木）	昭和53年編制
浜名湖七福神（静岡県）	**応賀寺**（浜名郡新居町中之郷）	**摩訶耶寺**（引佐郡三ケ日町）	**遠州信貴山**（浜松市中沢町）	**鴨江寺**（浜松市鴨江）	**岩水寺**（浜北市根堅）	**長楽寺**（引佐郡細江町気賀）	**大福寺**（引佐郡三ケ日町）	昭和61年発足

コース名	えびす神	大黒天	毘沙門天	弁財天	福禄寿神	寿老人	布袋尊	備考
東海（愛知）七福神（愛知県渥美郡）	**成道寺**（渥美町江比間）	**泉福寺**（渥美町山田）	**潮音寺**（渥美町福江）	**城宝寺**（田原町）	**瑪瑙寺**（赤羽根町高松一色）	**法林寺**（赤羽根町越戸）	**常光寺**（渥美町堀切）	昭和33年開設
三河七福神（愛知県）	**法蔵寺**（岡崎市本宿町）	**安楽寺**（蒲郡市清田町）	**妙福寺**（碧南市棚尾町）	**三明寺**（豊川市東本町）	**宝福寺**（岡崎市梅園町）	**宝珠院**（幡豆郡吉良町吉田）	**長円寺**（西尾市貝吹町）	
なごや七福神（愛知県名古屋市）	**笠覆寺**（南区笠寺町）	**宝珠院**（中川区中郷）	**福生院**（中区錦）	**辨天寺**（港区多加良浦町）	**万福院**（中区栄）	**興正寺**（昭和区八事本町）	**宝生院**（中区大須）	昭和62年開設
美濃七福神（岐阜県）	**甘南美寺**（山県郡伊自良村）	**真禅院**（不破郡垂井町朝倉）	**新長谷寺**（関市長谷寺町）	**円鏡寺**（本巣郡北方町）	**大竜寺**（岐阜市粟野）	**永保寺**（多治見市虎渓山町）	**護国之寺**（岐阜市長良雄総）	昭和55年創設
伊勢七福神（三重県）	**聖衆寺**（桑名市別所）	**大福田寺**（桑名市大字東方）	**信貴山別院**（四日市市生桑町）	**密蔵院**（四日市市大治田町）	**大聖院**（四日市市日永）	**観音寺**（鈴鹿市高塚町）	**石上寺**（亀山市和田町）	昭和58年創設
湖西蓬莱七福神（滋賀県）	**近江神宮**（大津市神宮町）	**日吉大社**（大津市坂本本町）	**建部大社**（大津市神領町）	**宝厳寺**（東浅井郡びわ町）	**行過天満宮**（高島郡今津町）	**白髭神社**（高島郡今津町）	**藤樹神社**（高島郡安曇川町）	昭和53年創設
近江七福神（滋賀県）	**市神神社**（八日市市本町）	**金剛輪寺**（愛知郡秦荘町）	**長命寺**（近江八幡市長命寺町）	**大洞弁財天**（彦根市古沢町）	**青岸寺**（坂田郡米原町米原）	**興福寺**（八日市市五智町）	**天寧寺**（彦根市里根町）	昭和60年開始
都七福神まいり（京都府京都市）	**えびす神社**（東山区）	**妙円寺＝松崎大黒天**（左京区）	**東寺**（南区九条町）	**六波羅蜜寺**（東山区）	**赤山禅院**（左京区）	**行願寺＝革堂**（中京区）	**万福寺**（宇治市五ケ庄）	日本最古
京の七福神まいり（京都府京都市）	**えびす神社**（同右）	**妙円寺**（同右）	**山科毘沙門堂**（山科区）	**三千院**（左京区）	**護浄院**（上京区）	**行願寺**（同右）	**長楽寺**（東山区）	

京都七福神（京都府京都市）	**建仁寺**（東山区）	**妙円寺**（同右）	**山科毘沙門堂**（同右）	**妙音堂**（上京区）	**大福寺＝利生院**（中京区）	**行願寺**（同右）	**長楽寺**（同右）	
七福神巡拝（京都府・滋賀県）	**えびす神社**（前出）	**妙円寺**（同右）	**鞍馬寺**（左京区）	**無動寺**（大津市坂本本町）	**護浄院**（前出）	**行願寺**（同右）	**長楽寺**（同右）	
京都七福神巡り（京都府京都市）	**護浄院**（前出）	**妙円寺**（同右）	**廬山寺**（上京区）	**妙音堂**（前出）	**遣迎院**（北区）	**行願寺**（同右）	**大福寺＝利生院**（前出）	
泉涌寺山内七福神（京都府京都市東山区）	三番 **新那智山観音寺**	五番 **瑠璃山雲龍院**	六番 **施薬山悲田院**	二番 **円通山戒光寺**	一番 **光明山即成院**	七番 **柳生山法音院**	四番 **明応山来迎院**	
嵐山七福神（京都府京都市）	**釈迦堂**（右京区嵯峨藤ノ木町）	**三秀院**（右京区嵯峨芒ノ馬場町）	**弘源寺**（右京区嵯峨芒ノ馬場町）	**慈済院**（右京区嵯峨芒ノ馬場町）	**二尊院**（右京区嵯峨長神町）	**法輪寺**（西京区嵐山虚空蔵山町）	**大覚寺**（右京区嵯峨野大沢町）	
伏見七福神（京都府京都市伏見区）	**金礼宮**（鷹匠町）	**大黒寺**（鷹匠町）	**法性寺**（東大手町）	**長建寺**（東柳町）	**海宝寺**（桃山町正宗）	**西福寺**（深草大亀谷）	**石峰寺**（深草石峰寺山町）	
大阪七福神（大阪府大阪市）	**今宮戎神社**（浪速区）	**大国主神社**（浪速区）	**大乗坊**（浪速区）	**法案寺**（南区）	**長久寺**（南区）	**三光神社**（天王寺区）	**四天王寺布袋堂**（天王寺区）	江戸時代創始 昭和55年再開
南海沿線七福神（大阪府）	**今宮戎神社**（同右）	**大国主神社**（同右）	**万代寺**（堺市百舌鳥赤畑町）	**水間寺**（貝塚市水間）	**長慶寺**（泉南市信達市場）	**松尾寺**（和泉市松尾寺町）	**七宝滝寺**（泉佐野市大木）	昭和55年創設
西国七福神（大阪府・兵庫県）	**呉服神社**（池田市室町）	**西江寺**（箕面市箕面）	**東光院**（豊中市桜塚元町）	**滝安寺**（箕面市箕面）	**円満寺**（豊中市螢ヶ池東町）	**中山寺**（宝塚市中山寺）	**清荒神**（宝塚市清荒神米谷）	大正3年創始
神戸七福神（兵庫県神戸市）	**長田神社**（長田区長田町）	**大竜寺**（中央区再度山）	**湊川神社**（中央区多聞通）	**生田神社**（中央区下山手通）	**須磨寺**（須磨区須磨寺町）	**念仏寺**（北区有馬町）	**天上寺**（灘区摩耶山町）	昭和62年結成

コース名	えびす神	大黒天	毘沙門天	弁財天	福禄寿神	寿老人	布袋尊	備考
神鉄（有馬）七福神（神戸市北区）	**有馬神社**（有馬町）	**温泉神社**（有馬町）	**多聞寺**（有馬町唐櫃）	**大池聖天**（大池町）	**大池聖天**（同上）	**善福寺**（有馬町）	**布袋寺**（有馬町二郎）	昭和7年頃創設 戦後復活
淡路島七福神（兵庫県）	**万福寺**（三原郡南淡町賀集）	**八浄寺**（津名郡津名町佐野）	**覚住寺**（三原郡三原町神代）	**智禅寺**（津名郡一宮町草香）	**長林寺**（津名郡五色町都志万才）	**宝生寺**（津名郡津名町塩田里）	**護国寺**（三原郡南淡町賀集）	昭和47年開始
西日本播磨美作七福神（兵庫県・岡山県）	**岩倉寺**（岡山県英田郡西粟倉村）	**大聖寺**（岡山県英田郡作東町）	**安養寺**（岡山県英田郡美作町林野）	**慈山寺**（兵庫県佐用郡佐用町山脇）	**長福寺**（岡山県英田郡英田町福本）	**光明寺**（兵庫県佐用郡佐用町平福）	**高蔵寺**（兵庫県佐用郡三日月町）	昭和57年創設
出雲七福神（島根県）	**洞光寺**（大原郡木次町）	**松源寺**（安来市安来町）	**西光院**（簸川郡斐川町三絡）	**弘法寺**（出雲市下古志町）	**龍覚寺**（松江市寺町）	**本性寺**（平田市小境町）	**清巌寺**（八束郡玉湯町玉造）	昭和55年創設
石見銀山天領七福神（島根県）	**清水大師寺**（邇摩郡温泉津町湯里）	**城福寺**（邇摩郡仁摩町仁方）	**安楽寺**（大田市静間町）	**波啼寺**（邇摩郡仁摩町宅野）	**観世音寺**（大田市大森町）	**高野寺**（邇摩郡温泉津町井田）	**楞厳寺**（邇摩郡温泉津町福光）	昭和50年発足
徳島七福神（徳島県徳島市）	**円福寺**（八万町夷山）	**願成寺**（寺町字寺町）	**光仙寺**（伊賀町）	**万福寺**（吉野本町）	**東照寺**（福島本町）	**清水寺**（南在古）	**明王寺**（中前川）	昭和56年創設
四国（東予）七福神（愛媛県）	**興隆寺**（周桑郡丹原町古田）	**横峰寺別院**（周桑郡小松町石鎚）	**吉祥寺**（西条市永見）	**安楽寺**（周桑郡丹原町湯谷口）	**極楽寺**（西条市大保木）	**前神寺**（西条市洲之内）	**宝寿寺**（周桑郡小松町駅前）	昭和51年復興
宇和島七福神（愛媛県宇和島市）	**恵比須神社**（恵美須町）	**西江寺**（大宮町）	**大超寺**（大超寺奥）	**弁天堂**（弁天町）	**仏海寺**（妙典寺前）	**西光寺**（大浦）	**泰応寺**（宮下）	昭和62年開始
豊後（臨済）七福神（大分県大分市）	**神護寺**（大字鶴崎国宗）	**永安寺**（乙津港町）	**願行寺**（大字中戸次字佐柳）	**龍興寺**（小中島字中島）	**長興寺**（松岡）	**長林寺**（大字辻）	**萬寿寺**（金池町）	昭和57年編制

日向之国七福神（宮崎県）	今山八幡宮（延岡市山下町）	都農神社（児湯郡都農町）	妙国寺（日向市細島庄手向）	青島神社（宮崎市青島）	智浄寺（児湯郡川南町通浜）	一ツ葉稲荷（宮崎市新別府町）	永願寺（東臼杵郡門川町加草）	九州最初

（『淡交』四十七巻一号）

茨木の恵美須神

大阪府茨木市元町の茨木神社には、宝永五年成立の巻子一巻があって、「恵美須神之縁起」と「祝詞」と「恵美須神説」とが収められている。このたびは、茨木神社宮司の岡市正規氏にその翻刻をお許しいただき、茨木市史編纂室の田中裕三氏にはその写真をお送りいただいた。ここに、とりあえずその全文を掲げさせていただくが、改めて、岡市・田中の両氏をはじめ、何かとお世話をいただいた方々に対して、あつく御礼を申しあげる次第である。

恵美須神之縁起

抑茨木町市場の濫觴を伝へ承るに、往昔人皇百七代正親町院の御宇天正の比ほひ、中川瀬兵衛清秀公茨木城主の時、初て月毎に一三六八の市日始りぬ。依之遠近の商賈群をなし、山海の諸物を交易しけるにそ、土地も賑しくなり、家門もとみさかへ侍りける。然るに、元和三年の秋、里の商長三四人田舎より米穀を買求ける。その俵の中になん、此恵美須の御絵像厳然としていまそかりける。かかる事は奇代にもありかたくも不測なるためしとて、霊感の思ひをなし、ゑひす講中心を一つにして、氏神の拝殿におゐて是を尊拝したてまつる。それより市人も月〳〵にいやましに、商も日〳〵にさかんに成侍るまま、元和七年十月廿日には、制札の上りに仮殿をしつらひ、市場繁栄のためとて此御神をまつり侍りける事もありけらし。是より月ことの廿日には、講衆中かはる〳〵私宅にかさりたてまつりて拝し祭る事になれりける。是を外の村里よりは茨木の廿日汁となんいひわたり侍る。しかるに、延宝の初つかた、ゆへありて祭もしはらく怠り侍りけるを、人々むかしをしのふの心しきなみにして、宝永五年に及て、土地長久市町繁昌のめくみあらせ給へと、十月廿日になんふたたひ廃れたるを興す事に成侍りぬ。

樋口五兵衛
吉原次郎兵衛
杉原次郎右衛門
樋口助右衛門
西村六郎右衛門
尾崎伊右衛門
藤井与惣兵衛
樋口善左衛門

堀次郎右衛門
樋口善兵衛
吉岡五郎右衛門
杉原勝蔵

祝詞

掛毛畏幾諸乃太神達、殊仁恵美須乃太神乃広前仁、恐美恐美毛申佐久、事乃由波、年号月日吉日良辰乎択比定女天、宇津乃広前於飾利、神供神酒等乎備倍、称辞竟奉留上波、百机仁饗倍奉留止聞知食志納受在志天、衆人乃愛敬乎授ケ賜比、市商益須蕃昌志、殊仁祭人等乃不浄乎祓比災難乎除幾、福乎降之哀愍於垂礼賜比天、家中老若男女牛馬乃蹄仁至万天、安穏息災福徳寿命長遠乎授介賜伊、殊仁波大旱大水大風火事乎波祓比賜比除幾賜比天、五穀成就天下泰平国土安穏市町長久止、夜乃守利日乃護利仁守護利幸比賜倍止、恐美恐美毛申寿。

辞別仁申佐久、今日吉日吉時仁参集留人等、殊仁当屋仁相当利太神乎飾利祭利奉留中仁、不慮仁穢気不浄乃事在止毛、咎女不賜祟利不賜、太神乃清幾御心仁宥女寛之賜比天、咎毛無久祟毛無久、神直日太直日乃神止受幸比賜倍止、恐美恐美毛申寿。

宇治山出雲守藤原延春敬白

于時宝永五戊子十月二十日

宇治延貞述

恵美須神説

蓋聞、能生天地之謂神、既為天地亦之謂神、循其神之謂道、奉若其神之謂教、故天地万物之有形、日用事業之有態、無不有其神識、有其神而敬其神可謂行道者也。是以、士尊奉鹿嶋香取、農尊奉稲荷、工尊手置帆負神彦狭知神、商尊奉西宮恵美須神、蓋士農工尊奉各神、其理灼然、独商尊奉西宮、似義未明。故謹考之、日本紀曰、伊弉諾伊弉冊尊共生日神、次生月神、次生蛭児、雖已三歳脚猶未立、故載之於天磐橡樟船而順風放棄。前輩釈之曰、蓋蛭児不成人、不可宦於朝廷故、於地下育之、其以無作為也。自然有吉祥故、世称為福神、即摂津国武庫郡西宮恵美須神社而、社下蛭児浦蓋其船之泊処也。或記云、人皇三十四代推古天皇辛酉春三月、聖徳太子始市使人知売買術、当此時誓蛭児神為商賈鎮護神。謹案、蛭児土徳之神、土此訓津知、接続之義也。商賈之徒以其所有通其所、無有使物相接続之理而、自然与此神徳相符矣。然則商賈尊奉此神艮有以也哉。竊謂業商賈祭蛭児者、能断其姦曲能宗其正直不廃其業不怠其祭、則得其冥助如指諸掌。延貞会与其祭故、以此言告祭恵美須神之徒云。

茨木神社

恵美須神社

この茨木神社のいわれについては、平安初期の大同二年に、坂上田村麻呂によって荊切の里が開かれ、そこに天石門別神社がまつられたと伝えられており、『延喜式』の神名帳にも、摂津国島上郡の十七座の一つとして、やはり天石門別神社の名があげられていた。また戦国時代までくだって、茨木の城郭がととのえられると、その城下に天石門別神社がうつされており、江戸初期の元和八年には、本殿に牛頭天王と春日大神と八幡大神とがまつられ、その奥宮に天石門別神社がまつられることとなった。さらに明治以降にいたって、茨木神社と天石門別神社とが、同じ一つの境内にまつられながら、それぞれ別々に郷社の社格を認められている。そのような茨木神社というのは、現に旧茨木町の氏神として、ひろく三十三自治会、約八千世帯の氏子によってまつられるのである。

恵美須神の御影

ここで恵美須神というのは、はじめ講中でまつられていたのが、のちに神社でまつられるようになったものといえよう。すなわち、

『恵美須神之縁起』の記事では、元和三年の秋に、この里の商人が、いなかから米を買いもとめると、その俵の中から、恵美須神の絵像があらわれたと伝えられる。この恵美須神というのは、いったいどのようなかたちであったのか、直接にその絵像をおがんだものはないが、現に茨木神社から出される御影は、「摂津茨木恵美須大神」とあって、岩の上にすわって、右手に釣竿をかつぎ、右手に鯛をかかえたすがたにえがかれている。

その縁起によると、これは商売繁昌のしるしであるというので、月ごとの二十日に、恵美須講中の人々が、かわるがわる自宅でまつることとなったのが、よその村里の人々には、「茨木の二十日汁」といって知られていたという。それによると、茨木の恵美須講の集りに、何か特別な汁をつくったものかもしれないが、それよりくわしいことはしるされていない。そして、延宝の初年には、この恵美須神の祭りもとだえていたが、宝永五年十月二十日からは、年ごとに神社の内でこれをまつることとなったというのである。

さきの「恵美須神之縁起」につづけて、宇治山出雲守藤原延春が「祝詞」をしるしており、また宇治延貞が「恵美須神説」をしるしている。ともに茨木の神職の家筋に属するものであって、同家の系図によると、延春は寛文二年に生れて、正徳三年に歿したとあり、延貞は元禄十一年に生れ、弘化五年に歿したとあるが、延貞の歿年については、そのまま信じられるものではない。いずれにしても、この宝永の時期から、そのような専門の神職が、恵美須神の祭りにあずかってきたことは注目されるであろう。

それ以降の変遷をたどると、明治十二年九月には、茨木神社の境内社として、あらたに恵美須神社の社殿が建てられることとなった。さらに、戦後の昭和二十八年には、茨木の市内の商店主によって、茨木恵美須講の活動が始められたが、その十周年の昭和三十八年には、新しい社殿の造営がおこなわれており、その五十周年の平成十三年には、その社殿の改築が進められたのである。

茨木の恵美須神社では、宝永以来の伝統をうけついで、毎年十一月二十日に、例祭の神事がいとなまれており、百人ほどの講員が参列している。その例祭にさきだって、茨木恵美須講の代表が、島根県松江市の美保神社に参って、その祭神の御影をいただいてくる。

それだけではなく、茨木の恵美須神社でも、一月九日から十一日まで、十日夷の行事がおこなわれている。終戦の前後まで、茨木の十日夷というのは、ごくわずかな露店が出て、吉兆や福笹を売るだけであって、西宮や今宮などとくらべると、いたってわびしいものであったという。そこで、茨木恵美須講の発足とともに、しきりにこの行事の宣伝につとめており、福娘や宝恵籠などの趣向をこらしてきた。今日では、百人ほどの講員の奉仕によって、数ヶ所の吉兆の授与所をもうけており、かなり多くの参詣者を集めるようになった。

（『西郊民俗』二百九号）

赤山禅院の福禄寿

京都市左京区修学院赤山町には、修学院離宮の北隣の地に、延暦寺の別院の赤山禅院があって、独自の信仰の形態を伝えている。今日では、千日回峰行という荒行の寺院として知られているが、また都七福神における福禄寿の霊場としても親しまれるものである。『都名所図会』の巻三には、「赤山の社」という名であげられて、

赤山の社は修学寺村の東、山下にあり。慈覚大師唐土より帰朝のとき、明神は白羽の矢負ふて船の上に現じ、天台守護となり給ふ。神託によつてこの所に勧請しけり（転宅の節、当社の神札をうけて家に張れば、鬼門金神の祟りなしとぞ）。神前に迦字の梵字を三所にかくる。本地堂は地蔵菩薩にして、慈覚大師の作なり

としるされている。

そのように、この寺のいわれとしては、慈覚大師円仁が唐土に渡って、清涼山で赤山明神を拝したが、さらに帰朝にあたって、海上でその守護をこうむったというので、天台座主安慧が遺命を受けて、仁和四年にその分霊をまつったものと伝えられる。ここで赤山明神とい

赤山禅院の本堂

赤山禅院の福禄寿

うのは、陰陽道の祖神の泰山府君にあたるもので、寿命長久や福禄栄達の神としてあがめられてきた。今日でも、その境内の入口には、木造の鳥居があって、「赤山明神」という石標が建てられており、朱塗の本堂なども、やはり神社の形態をとどめている。もともとこの赤山禅院の地は、京都御所の表鬼門にあたるというので、本堂の屋根の正面の猿の像も、御所の築地の東北隅の猿の像と、たがいにむきあってすえられたものと伝えられる。そのために、明治初年の神仏分離にあたっても、それほど旧来の形態をそこなわれることはなかったと思われる。

毎月の五日は、泰山府君の御縁日にあたり、比叡山の阿闍梨の御加持の日であって、多数の信者が参りにくる。特に市中の商人には、いわゆる五十《ごとう》の日が、掛取りの日であって、まず赤山禅院に参ってから、そのまま集金にまわると、けっしてとりはぐれることはないという。また、毎月の十五日は、赤山大明神の御縁日にあたり、毎月の二十八日は、雲母不動尊の御縁日にあたるので、同じように阿闍梨の御加持がいとなまれる。さらに、中秋名月の日には、喘息封じのへちま加持がいとまれることも知られている。そのほかの日にも、さまざまな加持祈祷のために、この寺に参りにくるものはすくなくない。

いわゆる七福神の中でも、福禄寿と寿老人と布袋とは、それほど日本人に親しまれたものとはいえず、それだけで単独に拝まれることはすくない。それにもかかわらず、赤山禅院の福禄寿だけは、正月の七福神参りだけではなく、ほとんど年間を通じて参るものが絶えないようである。この福神の福禄寿というのは、もともと泰山府君と一体のものと信じられており、天にあっては福禄寿星としてあらわれ、地にあっては泰山府君としてあらわれるとも説かれている。本堂の東側の福禄寿殿には、長頭で白髯という独自のすがたで、杖に経巻を結んだ福禄寿の像がまつられている。そこで、厄難消滅や商売繁盛など、さまざまな利益を求めて、この赤山禅院に参るものは、かならず福禄寿殿に参って、福神の福禄寿像を拝んでゆくのである。京都のある婦人は、夢に福禄寿の杖でたたかれて、視力の失われたのをとりもどしたといい、伊勢のある老翁は、夢に福禄寿のすがたを拝んで、九十歳をすぎても健康をたもっているという。そのように、赤山禅院の福禄寿は、思いのほかに多くの人々の信仰を集めているといえよう。

赤山禅院の福禄寿殿からは、鬼門守護のお守り、如意一願のお守り、七福神のお守りのほかに、七福神のおみくじなども授けている。また、ひろく北海道から九州まで、各地の数十人の信徒に対しては、かならず月例の祈祷札を送っている。

（『西郊民俗』二百三十号）

福神としての猩々

一般に七福神というと、恵比須、大黒天、毘沙門天、弁才天、布袋、福禄寿、寿老人があてられているが、かならずしもそれらの諸神に限られるものではなかったようである。享保二年刊行の『増補合類大節用集』は、『書言字考節用集』として知られるものであるが、その第十三冊の「数量」の部には、

七福神　辨財天。毘沙門天。大黒天。恵比酒。福禄壽。布袋和尚。猩々

という項目が収められている。そこで、『民族と歴史』の三巻一号における、喜田貞吉氏の「七福神の成立」では、

彼の元禄十一年の日本七福神伝には、福禄寿・寿老人を合して南極老人一体とし、此の吉祥天を加へて一福神の欠を補ふ方の選択によつて居るのである

につづけて、

然るに同じ元禄の合類節用には、寿老人の代りに猩々《しょうじょう》を加へて居る。動物を福神とする事は、狐神・蛇神の例もあつて敢て不思議でもない様ではあるけれども、それ等は孰れ

も稲荷神とか宇賀神とかに習合せられたもので、猩々の場合とは稍其の趣を異にして居る。然るに特にここに動物其のままの猩々をしかも之に加へたのは、室町時代の俗信に基づいて、彼が人体を有し、福を人間に授けるものとして信ぜられた為であらうと論じられている。

実際に、『日本伝説大系』の第八巻には、田中民子氏の「採集稿」によって、兵庫県南あわじ市沼島における、酒手畑の伝説が取りあげられて、

猩猩ちゅうのは七福神の一つに数えられるん、沼島りゃったら、恵比須さんや大黒さんや弁天さんや福禄寿なんかといっしょに猩猩ちゅうのが入るんねんのう

という伝承が引かれている。さらに、『西郊民俗』の百八十一号における、山田厳子氏の「福神としての猩々―沼島の『酒手畑』伝承考―」にも、井津尾由二氏の談話が掲げられ、「七福神に猩々が入る」ことにふれられるのである。そのほかに、備後福山藩主の阿部家に伝えられた、刷物の宝船の絵にも、それらの七福神とともに、二童子と猩々のようなものが描かれている。

この猩々というものは、今日では東南アジアのオランウータンにあてられているが、本来は空想上の怪獣であって、きわめて古い時代から、さまざまな漢籍の中にあらわれてくる。すなわち、最古の字書にあたる『爾雅』の「釈獣」には、

猩々小而好啼

としてあげられており、五経の一経に属する、『礼記』の「曲礼」にも、

猩々能言、不離禽獣

とするされている。さらに、いくらかくだって、『山海経』の「南山経」には、

有獣焉、其状如禺而白耳。伏行人走、其名曰狌狌、食之善走

などとするされ、同書の「海内南経」にも、

有獣、人面、名曰狌狌

などとするされるのであった。

それだけではなく、この猩々という獣の名は、思いのほかに早い時期から、日本の文献にもとりあげられている。すなわち、平安時代の『和名類聚抄』には、

猩猩　爾雅註云、猩猩（音星、此間云象掌）能言獣也。孫愐曰、獣身人面、好飲酒也

とするされ、また、室町時代の『下学集』にも、

猩猩　人面、身似猿能言、古語云、猩猩能言不離走獣云。尤好酒屐者也

とするされるのであった。いずれにしても、室町以降の文献には、いくつもの猩々の記事があげられるが、特に能の曲中には、多くの猩々の登場が認められるのである。『帝塚山学術論集』の六号に掲げられた、王冬蘭氏の「『猩々』イメージの変遷―中国の怪獣から日本の

霊獣へ――」には、現存の謡本などによって、二十七曲の猩々物があげられているが、それらの猩々物の中でも、現行の能の曲としては、五流の『猩々』のほかに、観世流の『大瓶猩々』があげられるにすぎない。それにもかかわらず、現行の『猩々』というのは、きわめて多くの機会に演じられて、猩々のイメージの固定化にあずかったものと思われる。

そのような『猩々』という曲は、五番目の切能に属するが、祝言の風流能として演じられるものである。そのおおまかな筋書は、揚子の里の高風という孝子が、市で酒を売って富貴の身となったが、猩々と名のる酒好きな童子と約束して、潯陽の江のほとりで待っていると、月の出とともにその猩々があらわれて、酒を飲んで舞いたわむれ、汲めども尽きぬ酒壷をあたえたというものである。この『猩々』の重要な観点として、第一には、猩々が赤面に赤頭で、赤地の上着と袴とをつけて、赤ずくめのすがたによそおい、このんで酒を飲むこと、第二には、猩々が潯陽の江という、水の中からあらわれること、第三には、猩々が汲めども尽きぬ酒壷という、福徳のシンボルを授けたことが注目されるであろう。そこで、それらの三つの要点が、民間の猩々の観念にも、そのままうけ継がれていったかということについて考えてみたい。

これまでにも、『民族と歴史』の三巻一号における、喜田貞吉氏の「福神としての猩々」をはじめ、この猩々の特性について論じたものは、かならずしもすくなくないかもしれないが、おおかたは『猩々』という能を中心に説いたものであって、ひろく福神としての猩々の民俗にまで及んだものは、それほど多くなかったのではなかろうか。さしあたり、これにかかわる研究の成果としては、『鳥取大学教育学部研究報告人文・社会科学』十九巻二号における、金井清光氏の「能『猩々』と因幡キリン獅子舞の猩々」、名古屋民俗叢書三の『道教とその周辺』における、伊藤良吉氏の「猩々―その系譜を求めて―」、『名古屋市博物館研究紀要』二十一巻における、小西恒典氏の「名古屋南部の大人形」、『西郊民俗』の百八十一号における、山田厳子氏の「福神としての猩々―沼島の『酒手畑』伝承考―」などがあげられるにすぎない。

そのような猩々に関する民俗としては、何よりも各地の祭礼や藝能などに、猩々をかたどったものがもちだされ、あるいは猩々に扮したものがあらわれることに注目しなければならない。ここには、日本全国の事例をあげつくすことはできないが、伊藤、小西両氏の論文では、愛知県内の祭礼を通じて、猩々のだしもののすくなくないことが示されており、その顕著な事例としては、津島市の津島神社の天王祭りで、朝祭りの車楽船の上に、能人形の猩々をのせることがあげられるであろう。また、名古屋市の東照宮の名古屋祭りでは、本町から猩々車を出し、半田市の神前神社の亀崎潮干祭りでは、中切組から力神車を出すというように、からくりの人形の猩々もすくなからず認めることができる。さらに、小西恒典氏の

横須賀市の八雲神社の祭りの猩々坊

論文にまとめられたように、名古屋市南区からその周辺にわたって、三十余ヶ所の神社の祭礼には、張子の大人形の猩々が出てきて、おもに行列の先導の役をつとめるのである。

そのほかの地域でも、同じような猩々の登場がみられるのであって、滋賀県下の祭礼の中には、大津市の天孫神社の曳山祭りに、南保町から猩々山を出し、長浜市の長浜八幡宮の曳山祭りでは、船町組から猩々丸を出すというように、いくつかの人形の猩々を認めることができる。さらに、西日本の事例としては、野津龍氏の『因幡の獅子舞研究』などに示されたように、鳥取県の因幡の各地には、麒麟獅子舞として知られる、二人立ちの獅子舞が伝えられており、その先頭には猩々が立って、朱塗りの棒をもって舞うことがおこなわれる。また、香川県の神楽や獅子舞にも、やはり猩々が出て舞うものが認められるのである。

それに対して、東日本の方面においても、神奈川県横須賀市東浦賀町では、八雲神社の祭りのだしものに、猩々坊という大人形を台車にのせて、町内を引きまわしているのは注目される。さらに、東京都千代田区の神田神社の神田祭りでは、塗師町から猩々の山車を出しており、千葉県佐倉市の麻賀多神社の佐倉祭りでは、間之町から猩々の山車を出していて、まったく猩々のだしものがなかったとはいえないが、それほど多くの事例は思いうかばない。さらに、千葉雄市氏のご教示によると、宮城県登米市中田町浅水における、浅部の七福神舞には、翁、大黒、布袋、恵比寿、寿老人、毘沙門天の舞とともに、猩々舞というものがとり入れられており、赤い面をかぶり赤い着物によそおって、月の輪の柄杓を肩にかつぎ、黄金の盃に酒を汲むさまが演じられているという。そのほかに、山伏神楽や番楽のたぐいにも、やはり猩々の演目がとり入れられており、山形県飽海郡遊佐町における、杉沢のひやま番楽では、この猩々という荒舞が、散楽風の要素を加えて演じられている。そういうわけで、地域によっていくらか異るかもしれないが、いずれにしても、この猩々という霊獣が、ひろくめでたいものとしてとりあげられてきたことは認められるであろう。それにつけても、大戦中の西暦千九百四十年には、皇紀二千六百年の祝賀のために、当時の東京市の路面電車が、何台かの花電車を走らせた中で、猩々が扇をかざしてまわっていたさまが思いだされる。

ところで、そのような祭礼や藝能のほかには、これに関する在地の民俗は、それほど多く伝えられているとはいえない。『松屋筆記』の巻九十八には、「猩々といへる異名の者猩々瓶」と題して、越後と豊前と石見という、三ヶ国の例をとりあげているが、猩々のような人が、見世物に出されたといううわさをかきつけたにすぎない。わずかに、雑賀貞次郎氏の『牟婁口碑集』には、「猩々の話」が掲げられており、和歌山県田辺市元町に属する、天神崎の立戸の浜で、一人の若者が笛を吹くと、海から猩々の女があらわれて、思いのままに魚が釣れる道具をさずけたといい、また同県西牟婁郡白浜町に属する、西富田の細野の猩々小屋では、海から猩々があがるというので、酒をおいてこれを酔わせてとらえたとしるされている。

そういう意味では、さきの山田氏の論文で示された、兵庫県南あわじ市の沼島における、猩々倍や酒手畑のいわれは、きわめて貴重な伝承であったといってもよい。『淡国通記』巻二の「霊水篇」には、

沼嶌者竜宮城之海門、金輪際出現之島、而嶌之東有大石門、是龍宮之門柱也

とあって、

又猩々出現稍多、中古出而乞酒于漁翁、翁進買酒一樽、飲之婆娑於石磯矣、日逮夕暉、

而漁翁欲帰乞酒銭、猩々曰、汝帰家看棚上、可有酒銭、乃帰棚上有酒貫、一生之間不取尽云、其後毎度出、就中、一日出于磯頭告海童等曰、汝等与酒、其全身赤色朱衣、光輝射人、童輩驚愕不能言、其舌如窒塞、猩々曰、汝童輩不能以酒、我可入龍宮、汝貧人之子、自今不可有窮貧、而入海、此外、時々、二三輩、乗扁舟向釣舟語言間多、釣舟恐而屈服無言、則舟楫随浪去云々

としるされている。また、「淡路四草」の『淡路草』巻八上における、「阿万郷沼島浦」には、

猩々倍　周り二十間許あり。
往古、容貌赤ク赤髪白衣ノ袖短キヲ着タル者、海ヨリ上リ来リ、漁父ニ酒ヲ乞。価ヲトラセント云。漁父漕帰リ、一樽ヲ持往テ与フ。猩々呑テ後、海ニ入ルトス。漁父価ハト云ケレハ、汝帰リテ棚ノ上ヲ見ヨト云テ海ニ入レリ。漁父帰リテ後見レバ、青銅百銭有リ。ツカヘバ又百銭ト成テ一生ツキズ。既ニ富ル者ト成レリト云、其後モ、又異獣来リ、漁父ヲ呼シニ、漁父迯帰レリ。以来出ル事無シト云

とあって、それにつづけて、

瓊矛之露云、泊三郎大夫ト云者、此倍ノ上ニテ猩々ニ逢ヘリ。酒ヲ乞ユヘ、五桝ノ酒ヲ求テ与フ。猩々、呑終テ海ニ入ラントス。三郎大夫、価ハ如何ト云ケレバ、汝ガ家ノ戎

棚ニ在ト答ヘタリ。帰リテ見レバ、百銅ノ鳥目有リ。取リツカヘトモ減セズ。一生ノ間、家甚富リトゾ。子孫今ニ泊ニ有リ。時人ノ云ハ、三郎大夫、値ヲ乞ヘルユヘ一生ノ幸ナリ。其言ヲ出サスハ、子孫猶豊ナラントイヘリ

としるされるのである。さらに、「淡路四草」の『味地草』巻三十一における、「三原郡沼島浦」にも、これと同じような記事を認めることができる。いずれにしても、山田氏の指摘のように、沼島における猩々の伝承は、郷土誌の編纂とあいまってかたちづくられていったことがうかがわれる。

それでは、さきにあげた猩々の特色が、さまざまな各地の民俗を通じて、どのようにうけ継がれてきたであろうか、ここに改めて検討を加えてみたい。いうまでもなく、第一の観点として、猩々が赤面に赤頭で、赤ずくめによそおうことは、かなり多くの伝承を通じて、まったく変りなくうけ継がれている。それだけではなく、第二の観点として、猩々が水の中からあらわれることも、やはり思いがけないことに、かなりひろい範囲に伝えられるのである。能の『猩々』や『大瓶猩々』などでは、潯陽の江からあらわれるのであるが、廃曲の猩々物の中には、『阿濃猩々』では伊勢の阿濃郡に、『泉猩々』では和泉の海辺に、『因幡猩々』では因幡の福井の浜に、『岩戸猩々』では薩摩の岩戸の浜に、『金沢猩々』では武蔵の金沢の海辺に、『駒形猩々』では尾張国または三河国に、『須磨猩々』では摂津の須磨の浦

名古屋市緑区鳴海町の祭りの猩々

に、『玉崎猩々』では筑前の玉崎に、『難波猩々』では摂津の難波に、『龍宮猩々』では伊豆の三崎の浜に、『山崎猩々』では摂津の山崎にというように、それぞれ日本のどこかの地で、水のほとりにあらわれたようにつくられたものがすくなくない。伊藤氏の論文にも引かれているように、鳴海や笠寺の海辺には、それぞれ猩々があらわれたために、その近在の祭礼には、いずれもその人形を出すようになったことが伝えられている。また、『牟婁口碑集』や『淡国通記』などにも、それぞれの海辺に猩々があらわれたと伝えられることは、ここに改めてくり返すまでもない。

さらに、第三の観点としては、何らかの福徳を授けることであるが、この部面については、かならずしも明確に言いきることはむずかしい。名古屋市の南部などにおける、大人形の猩々については、災厄をはらうものと考えられたようで、これにたたかれると厄をまぬかれ、また病気にかからないなどと伝えられる。寛政九年の『疱瘡心得草』には、「疱瘡神祭る図」が掲げられており、疱瘡のこどもの枕もとに、猩々の人形をおいたさまがえがかれていた。実際に、疱瘡よけのまじないのために、疱瘡絵や赤物の玩具がつくられているが、木菟や達磨などとともに、猩々のすがたをかたどったものがすくなくない。滋賀県の草津市や守山市では、そのようなまじないの玩具として、張子の猩々の人形が、達磨と一対でつくられているが、赤い髪に赤い衣で、右手に木の柄杓をもち、左手に厚紙の盃をもっており、素焼のかわらけと赤い折紙とがそえられたものである。

そのような赤ずくめの猩々は、たしかに災厄をしりぞけると信じられているが、そのまま福徳をもたらすものとはきめられない。たしかに、拙著の『疫神とその周辺』や『疫神と福神』では、疫神から福神につながることを説いてきたが、それだからといって、この猩々というものが、ただちに福神として認められるとはいえない。和歌山県の田辺では、思いのままに魚が釣れる道具をさずけ、淡路国の沼島でも、どれだけ使っても減らない銭をさずけたというのは、あきらかに何らかの福をもたらしたといってもよいが、それほど多くの類例をあげることはできない。また、阿部家の宝船の絵に加えて、宮城県の浅部の七福神舞で、翁、大黒、布袋、恵比須、寿老人、毘沙門天とともに、猩々があらわれて舞うのは、あきらかに福神の仲間に加えられたものとみられるが、それだからといって、すべての猩々に関する伝承が、そのまま福神の性格を示しているとはいいきれない。むしろ、恵比須や大黒などと同じレベルで、福徳をもたらす神としてまつられるわけではないようである。そういうわけで、福神としての猩々については、いっそう慎重な検討を加えなければならないであろう。

（『西郊民俗』二百二十三号）

あとがき

ひさしく各地の民俗調査をつみかさねながら、ひろく日本の民俗信仰と取りくんでゆくと、まともに先祖や氏神を取りあげるよりも、むしろ御霊や疫神とかかわりあうことが多かったのではないかと思われる。それが民俗伝承の実態に即したものであるかぎり、何よりも災厄除去の問題を避けては通れなかったようである。

すでに『疫神とその周辺』や『疫神と福神』などには、これに関する雑多な文章をまとめておいたが、ただそれだけでつくされるものでなかったのはいうまでもない。ここに『災厄と信仰』と題したのは、いかにも気のきかない命名と思われるかもしれないが、この方面の資料の調査は、それほど容易にうちきることはできないのである。

それにつけても、この一冊の書物に収められた、いくつもの原稿をまとめるにあたって、きわめて多くの関係者の方々に、ひとかたならぬご迷惑をおかけしたことを、改めて申しわけなく思わずにはいられない。また、この書物の刊行にあたっても、いつもながら三弥井書店の吉田氏に、何かとご面倒をおかけしたことを、ここに改めて御礼申しあげる次第である。

大島建彦（おおしまたてひこ）

東洋大学文学部教授を経て、現在、東洋大学名誉教授、文学博士。日本民俗学専攻。
主要な著書 『咄の伝承』（岩崎美術社）、『疫神とその周辺』（岩崎美術社）、『ことばの民俗』（三弥井書店）、『道祖神と地蔵』（三弥井書店）、『民俗信仰の神々』（三弥井書店）、『日本の昔話と伝説』（三弥井書店）、『アンバ大杉の祭り』（岩田書院）、『疫神と福神』（三弥井書店）、『民俗伝承の現在』（三弥井書店）、『十方庵の遊歴と民俗』（三弥井書店）、『人生のハレとケ』（三弥井書店）など。
主要な編著 『日本昔話辞典』（弘文堂）、『遊歴雑記』（三弥井書店）、『アンバ大杉信仰』（岩田書院）、『日本の神仏の辞典』（大修館書店）、『民俗のかたちとこころ』（岩田書院）など。

災厄と信仰

平成28年９月28日　初版発行

定価はカバーに表示してあります。

著　者　大　島　建　彦
発行者　吉　田　栄　治
印刷所　藤　原　印　刷
発行所　三　弥　井　書　店

〒108-0073　東京都港区三田3-2-39
電話　03-3452-8069　振替東京8-21125

ISBN978-4-8382-9092-5　C1039